Otto Riedel

**Die Cholera**

Entstehung, Wesen und Verhütung derselben

Otto Riedel

**Die Cholera**
*Entstehung, Wesen und Verhütung derselben*

ISBN/EAN: 9783744609258

Hergestellt in Europa, USA, Kanada, Australien, Japan

Cover: Foto ©berggeist007 / pixelio.de

Weitere Bücher finden Sie auf **www.hansebooks.com**

# Die Cholera.

## Entstehung, Wesen und Verhütung derselben.

Von

**Dr. Otto Riedel,**
Hülfsarbeiter im Kaiserlichen Gesundheitsamte.

Mit 5 Tafeln Abbildungen.

BERLIN, 1887.
Verlag von Th. Chr. Fr. Enslin
(Richard Schoetz.)

Dem

Geheimen Regierungsrath und Professor der Hygiene

Herrn

# Dr. Robert Koch

als Zeichen besonderer Hochachtung und Verehrung

gewidmet.

# Vorwort.

Zum fünften Male ist die Cholera vor wenigen Jahren auf unserem Erdtheile erschienen. In schneller Folge hat sie den grösseren Theil der europäischen Mittelmeer-Staaten heimgesucht und in Italien über zwei Jahre ihren Platz behauptet. Auch in Mitteleuropa, in der österreichisch-ungarischen Monarchie, hat sich die Seuche im verflossenen Jahre an verschiedenen Stellen gezeigt und selbst nach Deutschland zweimal ihre Fühler ausgestreckt. Hat sie bisher glücklicherweise noch nicht Wurzel bei uns zu fassen vermocht, so müssen wir doch stets auf einen neuen Vorstoss des unheimlichen Feindes gefasst sein, welchen gänzlich von uns fernzuhalten auf die Dauer wohl schwerlich gelingen wird.

Im Hinblick auf die derzeit gebotene Kriegsbereitschaft gegen die Cholera möge es als angebracht erachtet werden, wenn Verfasser den Versuch macht, in knapper und doch möglichst erschöpfender Weise unser heutiges Wissen vom Wesen der Cholera zusammenzufassen und im Anschluss daran darzulegen, welche practischen Maassnahmen sich für die Verhütung und Bekämpfung der Seuche aus dem gegenwärtigen Stande der Wissenschaft und der Erfahrung über die Cholera ableiten lassen.

Dem bakteriologischen Abschnitte dieser Schrift sind eine Reihe von Abbildungen, theils in Lithographie, theils in Lichtdruck beigegeben. Für die lithographischen Tafeln sind die Zeich-

nungen nach Präparaten hergestellt worden, welche Verfasser zu
diesem Zwecke im Laboratorium des Kaiserlichen Gesundheitsamtes angefertigt hat, während die Lichtdruckbilder Original-
Photogramme der Herren Geheimerath Dr. R. Koch und Stabsarzt
Dr. Plagge sind, welche mir dieselben für diesen Zweck gütigst
zur Verfügung gestellt haben. Für die Förderung, welche die
genannten Herren auf diese Weise meinem Bemühen haben zu
Theil werden lassen, sei auch hier mein tiefgefühlter Dank ausgesprochen.

Berlin, den 10. März 1887.

Dr. Otto Riedel.

# Inhalt.

# I. Der Choleraanfall und ähnliche Krankheitsformen.

## Der Choleraanfall.

Nach mehr oder weniger ausgesprochenen Prodromal-Erscheinungen, welche in unbestimmten Gefühlen von Unwohlsein, Mattigkeit, Schwindel, Kälte der Hände und Füsse, Herzklopfen, Verlust des Appetits, Neigung zu Schweiss, vorübergehendem Kollern im Unterleib bestehen können und manchmal von einer „praemonitorischen" Diarrhoe begleitet sind, äussert sich der eigentliche Choleraanfall, welcher in der Mehrzahl der Fälle (60—70%) Nachts einsetzt, in starkem Erbrechen und profusen, meist schmerzlosen Durchfällen. Die gallige Beschaffenheit der Darmentleerungen schwindet und macht dünnflüssigen, ungefärbten Dejectionen Platz, welche in der Mehrzahl der Fälle am besten mit einer Mehlsuppe verglichen werden können (Koch), während nur seltener durch ihre rein wässerige Beschaffenheit und einen verhältnissmässig geringen Gehalt an Flocken die Bezeichnung als molkig oder reiswasserähnlich gerechtfertigt erscheint. Durch Beimengung von Blut können dieselben ein fleischwasserartiges Aussehen gewinnen. Die Beschaffenheit des Erbrochenen hängt anfangs von dem Genossenen ab, dann werden grüngallige, später wässerige Massen entleert. Schon nach wenigen Stuhlgängen macht sich in der Regel eine grosse Hinfälligkeit geltend, dabei tritt Ohrensausen, Herzklopfen, Beklemmungsgefühl auf der Brust, oft auch Schluchzen auf. Es machen sich quälende Muskelschmerzen, durch tonische Krämpfe veranlasst, vorzüglich in den Wadenmuskeln fühlbar. Dieselben sind wahrscheinlich durch den hochgradigen Flüssigkeitsverlust, vielleicht auch mit durch eine Intoxication bedingt.

Die Stimme wird anfangs heiser, eigenthümlich hoch, zuletzt klanglos: Vox cholerica.

Die Harnabsonderung hört ganz auf.

Infolge der schwach werdenden Herzthätigkeit schwinden Radialpuls und zweiter Aortenton.

Die Haut wird blass, livide, zeigt an den Lippen, Nägeln und Genitalien eine ausgesprochene Cyanose, fühlt sich kalt an, wird an den Händen runzlig, bleibt, wenn sie hochgehoben wird, in Falten stehen, ist in vielen Fällen mit kaltem klebrigen Schweiss bedeckt.

Die äusserlich messbare Eigenwärme sinkt um mehrere Grade, kann aber vor dem Tode wieder ansteigen.

Der Unterleib ist abgeflacht, wenig empfindlich, der Perkussionsschall desselben wird immer leerer, man kann das Schwappen der Flüssigkeit in den Därmen fühlen.

Das Gesicht verfällt mehr und mehr, die Backenknochen und die Nase springen spitz hervor, während die Wangen einfallen und die oft von den Lidern nur halb bedeckten Augäpfel tief in ihre Höhlen zurücksinken.

Das Bewusstsein bleibt während des ganzen Anfalls ungetrübt, doch zeigt sich manchmal neben den subjectiven Beschwerden, den Muskelschmerzen und dem unerträglichen Durst, eine grosse Gleichgiltigkeit und Theilnahmlosigkeit, während in anderen Fällen Unruhe und Angst den höchsten Grad erreichen.

Hat sich die Krankheit bis zu einem Stadium algidum entwickelt, so ist der häufigere Ausgang der Tod, der in wenigen Stunden eintreten kann. In den seltenen Fällen von „Cholera sicca" kann binnen wenigen Stunden nach Beginn der Krankheit der letale Ausgang erfolgen, ohne dass es überhaupt zu einer Entleerung der characteristischen mehlsuppen- oder reiswasserartigen Massen durch Stuhlgang oder durch Erbrechen gekommen wäre. — Man hat das Zustandekommen des häufig so rapiden tödtlichen Verlaufes der Cholera, wie die ihr eigenen schweren Krankheitserscheinungen überhaupt, auf verschiedene Weise zu erklären versucht. Nach der hydraulischen Theorie sind es ausschliesslich die Folgen des enormen Flüssigkeitsverlustes, welche die schweren Zufälle, die Asphyxie und den Tod bedingen. Dieser Anschauung gegenüber wurde mit Recht geltend gemacht, dass, wie sich bei genauer Betrachtung herausstellt, die Schwere der Erscheinungen nicht mit dem Flüssigkeitsverluste Hand in Hand geht. Auf eine andere Weise daher glaubte namentlich Griesinger den Krankheitsverlauf verstehen zu können, indem er analog den Vorgängen bei Darmperforation oder Brucheinklemmung die entstehende Herzschwäche als auf reflectorischem Wege von der acuten Unterleibsaffection aus veranlasst betrachtete. Nach einer dritten Ansicht schliesslich wurden Erscheinungen und Verlauf der Cholera als eine Art Vergiftung aufgefasst. In wie weit für diese Anschauung, die bereits beim ersten Auftreten der Cholera in Europa von Seiten unbefangener Beobachter[1]) aufgestellt und verfochten wurde, durch die Forschungen der letzten Jahre eine Grundlage geschaffen worden ist, wird weiter unten erörtert werden.

Das Stadium algidum zieht sich nur ausnahmsweise über mehr als zwei Tage hin. Wird dasselbe überwunden, so kann entweder eine ziemlich schnelle Genesung eintreten, indem der Puls wieder fühlbar wird, Erbrechen, Durchfälle und Wadenkrämpfe nachlassen, während die Urinsecretion wieder beginnt und die Stühle eine breiige Consistenz und gallige Färbung gewinnen, oder die Reaction ist eine verzögerte oder unvollkommene, so dass in einem Rückfall in's Stadium algidum der Tod eintritt, oder es schliesst sich das sogenannte Choleratyphoid an. Unter diesem gemeinsamen Namen wurden bisher verschiedene Krankheitsbilder zusammengefasst, welche sich durch typhöse Erscheinungen (Benommenheit des Sensoriums, Delirien, erhöhte Temperatur, häufig dicroten Puls) auszeichnen. Es handelt sich dabei theils um schwere fieberhafte Zustände, ohne nachweisbare Localisation, welche wahrscheinlich Folge putrider Zersetzungsvorgänge des Darminhalts sind, theils um Zustände urämischer Natur, bei welchen unter andauernder mangelhafter Urinsecretion auch Krämpfe auftreten können, theils um secundäre Localkrankheiten, wie diphtherische Erkrankungen des Dünn- oder Dickdarms, der Scheide, des Rachens oder Kehlkopfes, Abscesse, Furunkel, Lungenentzündungen.

---

[1]) vgl. Marx, die Erkenntniss, Verhütung und Heilung der ansteckenden Cholera, Göttingen 1831. S. 124—126.

## Cholerine und Choleradiarrhoe.

Ausser dem geschilderten ausgesprochenen Choleraanfall sind, als auf gleicher Ursache beruhend, noch zwei Krankheitsbilder zu nennen, die Cholerine und die Choleradiarrhoe, welche als ein geringerer Grad von Choleraerkrankung aufzufassen sind, oft aber noch in einen eigentlichen Choleraanfall übergehen.

Bei der Cholerine kommt es trotz reichlichen Erbrechens und profuser gallenarmer Stühle, trotz Muskelschmerzen, grosser Hinfälligkeit und starken Durstes nicht zu einem algiden Stadium.

Bei der Choleradiarrhoe ist kein Erbrechen vorhanden, während die grosse Reichlichkeit der Darmentleerungen, welche übrigens gallig gefärbt bleiben, das Fehlen von Koliken und Stuhlzwang auf eine Verschiedenheit von anderen Diarrhoen hindeuten.

Gerade diesen leichteren Choleraerkrankungen muss hinsichtlich der Gefahr einer Verbreitung der Seuche eine ganz besondere Wichtigkeit beigemessen werden, da die Bedeutung der Krankheit verkannt, und leicht Veranlassung zu einer Verschleppung des Krankheitsgiftes gegeben werden kann.

## Leichenbefund.

### a) auf der Höhe des Choleraanfalls.

Unmittelbar nach dem Tode ist an der Leiche eine Temperatursteigerung äusserlich wahrnehmbar, welche bis 42° C und selbst darüber betragen kann. Die nachfolgende Abkühlung ist eine sehr langsame. Bald nach dem Tode können Zuckungen einzelner Muskeln oder Muskelgruppen, sowohl spontan wie namentlich auf mechanische Reizung hin, eintreten. Vorwiegend ist diese Erscheinung an den Extremitäten, aber auch an den Muskeln der Brust, des Unterkiefers, sowie an der glatten Muskulatur (Gänsehaut) zu beobachten.

Die Todtenstarre ist sehr stark ausgesprochen. Die geballten Hände, die hervorspringenden Muskelbäuche, die in verschiedenen Richtungen gebogenen Gliedmassen verleihen der Leiche häufig einen gewissen aggressiven Ausdruck, der auch als „Fechterstellung" bezeichnet worden ist [1]). Das Gesicht ist höchst entstellt, so dass eine Recognoscirung der Leiche hierdurch sehr erschwert werden kann. An Lippen und Nägeln ist die Cyanose meist noch in hohem Maasse vorhanden. Die Haut an den Händen erscheint runzlig und faltig.

Eine Fäulniss kommt wegen der Trockenheit des Cadavers nur langsam zu Stande.

Der Bauch ist eingezogen und fühlt sich teigig an.

Das Unterhautgewebe zeigt sich derb und trocken, ebenso die dunkelroth gefärbte Muskulatur.

Die Oberfläche des Peritoneums ist eigenthümlich schlüpfrig anzufühlen. Die Füllung der Darmschlingen ist abhängig von der Reichlichkeit der stattgehabten Entleerungen, sie pflegt in Fällen von „Cholera sicca" eine besonders starke zu sein. Die ganzen Därme können dann als eine schwappende Masse erscheinen, indem der ganze Darmtractus mit fast geruchloser mehlsuppenähnlicher oder durch Blutbeimengung röthlich oder bräunlich gefärbter Flüssigkeit angefüllt ist. Der Darm zeigt eine unveränderte Färbung oder besonders am Ileum ein rosenrothes Aussehen, ausserdem eine lebhafte Gefässinjection der sichtbaren Venen, in manchen Fällen auch Blutanstritte. In ganz rapide verlaufenen Fällen kann die ganze Dünndarmschleimhaut mit einer dicken, weichen, weissen Lage bekleidet sein (Nicati u. Rietsch), während sich die Epithelschicht sonst bald in grösserem Umfange abzustossen pflegt. Die Schleimhaut ist im Uebrigen sammetartig rauh, die Follikel sind geschwollen, von einem rothen Hofe umsäumt. Am stärksten sind alle diese Veränderungen im untersten Theile des Dünndarmes, oberhalb der Bauhinschen Klappe ausgesprochen. Es bildet hierzu der meist unveränderte Dickdarm mit seiner normalen blassen Färbung einen auffallenden Contrast.

Die Mesenterialdrüsen sind unverändert oder geschwollen.

Die Milz ist schlaff, gerunzelt, ihre Pulpe dunkelröthlich, die Malpighischen Körperchen sind wenig deutlich.

---

[1]) „Die Lebenden sehen wie die Todten und die Todten wie die Lebenden aus. Wer in eine Todtenkammer von Choleraleichen tritt, könnte glauben, dass ein Rauch oder Tieck Modelle für den Ausdruck aller Leidenschaften der menschlichen Seele hier aufgestellt hätte." Rust, Einiges über die Cholera; ein Sendschreiben an Alex. von Humboldt. Berlin 1832, S. 18.

Die Leber ist schlaff und trocken.

Die Nieren zeigen einen reichlichen durch venöse Stauung bedingten Blutgehalt, manchmal heller gefärbte, getrübte Partien. Nierenbecken und Blase enthalten geringe schleimartige Massen, welche aus abgestossenen Epithelien bestehen, manchmal sind kleinere Ecchymosen vorhanden. Die Harnblase ist fast ausnahmslos leer, contrahirt.

Pericardium und Pleuren zeigen dieselbe seifenartige Schlüpfrigkeit wie das Peritoneum, sind manchmal der Sitz von kleinen Extravasaten. Die Lungen retrahiren sich nach Eröffnung des Thorax schnell, erweisen sich auf Durchschnitten trocken, blass, ohne Oedem oder Hypostase. Die rechte Herzhälfte ist strotzend mit Blut gefüllt, die linke fast völlig leer. Innerhalb des übrigen Gefässsystems ist das Blut, welches eine heidelbeerartige, dickflüssige Beschaffenheit mit nur sparsamen schwärzlichen Gerinnseln aufweist, in den Venen angehäuft, während die Arterien völlig leer sind.

Gehirnsinus und Venen der weichen Hirnhaut sind strotzend mit Blut gefüllt. Die Hirnsubstanz selbst ist trocken und derb.

Die Hauptergebnisse der Obduction sind demnach
1. eine Cyanose der Haut,
2. ein klebriger Ueberzug der serösen Häute,
3. ein ausgebreitetes desquamativer Catarrh des Dünndarms, mehlsuppen- oder reiswasserähnliche Flüssigkeit im Darmkanal.
4. Trockenheit der übrigen Organe,
5. Eindickung des Blutes, welches im rechten Herzen und in den Venen angehäuft ist,
6. eine venöse Hyperämie der Nieren,
7. ein desquamativer Catarrh der Harnwege, Leerheit der Blase.

### b) in späteren Stadien, und beim Choleratyphoid.

Die Cyanose der Haut ist geschwunden oder nur noch angedeutet, die Todtenstarre ist nicht so ausgesprochen, Unterhautgewebe und Muskulatur erscheint feuchter, das Blut ist flüssiger und weniger dunkel, als wenn der Tod auf der Höhe des Choleraanfalls eingetreten ist. Doch erscheint das rechte Herz immer noch blutüberfüllt. Die Lungen sind blutreich, sind der Sitz von Hypostasen und Oedem, oder von lobulären oder lobären Entzündungen oder von Infarcten. Die serösen Häute weisen keinen klebrigen Ueberzug mehr auf. Der Dünndarm zeigt keine rosenrothe Färbung, die Epithelverluste sind manchmal schon wieder ersetzt, der Darminhalt ist gallig gefärbt von dickbreiiger Consistenz. Manchmal im Dünndarm, häufig im Dickdarm oberflächliche Ulcerationen, welche an letztgenanntem Orte einen diphtherischen Charakter aufweisen können.

Leber, Milz und Nieren sind blutreich, letztere meist im Zustande acuter Entzündung.

Die Harnblase enthält meist eiweisshaltigen Urin.

An der Schleimhaut der Scheide und der Gebärmutter können sich diphtherische Processe vorfinden.

Die Hirnsubstanz ist feucht, es findet sich wieder eine reichliche Menge Cerebrospinalflüssigkeit.

## Choleraähnliche Krankheiten.

Als Zustände, welche ein der indischen Cholera in ihrem Krankheitsverlaufe, wie in dem Leichenbefunde ähnliches Bild darbieten können, kommen die Cholera nostras und einige Intoxicationen in Frage.

Die Cholera nostras tritt vorwiegend in den heissen Sommermonaten sporadisch oder gruppenweise auf. Meist werden Diätfehler, Erkältungen oder auch Gemüthsbewegungen als veranlassende Momente bezeichnet. — Bei heftigem Erbrechen stellen sich reichliche Durchfälle ein, welche das Aussehen von Reiswasserstühlen gewinnen können. Es kommt zu Wadenkrämpfen, zur Vox cholerica, zum Versiegen der Urinsecretion. Doch pflegt die Erkrankung nicht länger als 1 bis 2 Tage anzuhalten und dann schnell in Besserung und Genesung überzugehen.

Besonders bei alten und decrepiden Leuten nimmt die Krankheit leicht einen letalen Verlauf.

Von den hierher gehörigen Intoxicationen ist zuerst die acute Arsenvergiftung zu nennen. Die Aehnlichkeit derselben in ihrem klinischen Bilde, wie anatomischen Befunde wurde durch die Erfahrungen von Virchow[1] und Hoff-

---

[1] Virchow's Arch. für pathalog. Anatomie etc. Bd. 47, S. 524.

mann[1]) dargethan. Seisser[2]) berichtete über eine durch Zusatz
von Arsenik veranlasste Brodvergiftung in Würzburg, bei welcher
die schwereren Fälle unter dem Bilde der Cholera verliefen.

Choleraähnliche Erscheinungen kommen ferner bei Vergiftungen durch Sublimat oder Brechweinstein zu Stande.
In solchen Fällen wird häufig eine Anätzung der ersten
Wege und des Magens zu constatiren sein. Das Erbrechen ist
meist stärker ausgesprochen, als die Durchfälle, die nur selten zu
reiswasserähnlichen Entleerungen führen. Dabei bestehen meist
lebhafte Schmerzen im ganzen Verdauungstractus, Tenesmus. Die
Urinsecretion versiegt nur ausnahmsweise völlig. Bei Arsenvergiftung kann der Urin bluthaltig werden. Die Stimme schwindet
nur selten bis zur Vox cholerica. Das Bewusstsein pflegt bei
Arsenvergiftung und bei Brechweinsteinvergiftung[3]) vor dem tödtlichen Ausgang getrübt zu sein.

Es würde zu weit vom Gegenstande entfernen und in das
Gebiet der gerichtlichen Medicin hinüberführen, wenn hier die
übrigen zur differentiellen Diagnostik der genannten Vergiftungen
zu Gebote stehenden, grossentheils der Chemie entlehnten Hilfs-
mittel erörtert würden. Ebenso sei nur kurz erwähnt, dass auch
bei Intoxicationen durch pflanzliche Gifte wie sie in der Herbst-
zeitlose und in den Niesswurzarten[4]) enthalten sind, durch
giftige Pilze[5]), wie auch durch Genuss von Muscheln[6]) choleraähnliche Zustände veranlasst werden können.

## Die Diagnose der Cholera.

Die Diagnose eines ausgesprochenen Cholerafalles zur Zeit
einer bestehenden Epidemie bietet keine Schwierigkeiten, andererseits darf eine choleraähnliche Erkrankung, welche vorkommt zu
einer Zeit, wo in Europa keine Cholera herrscht und unter Be-

---

[1]) Virchow's Archiv für pathol. Anatomie. Bd. 50, S. 456.
[2]) Aerztl. Intelligenzbl. 1869, S. 45.
[3]) vgl. L. Lewin in Eulenbergs Real-Encyclopädie I., S. 385 u. 529.
[4]) v. Gietl, Die Ergebnisse meiner Beobachtungen über die Cholera etc.
München 1874. S. 56.
[5]) Serres, union médicale 1865. Oct.
[6]) Rapport général sur les travaux du Conseil d'hyg. publ. etc. Depuis
1881—1883. Paris 1886, S. 73.

dingungen, die eine Einschleppung aus einem Choleralande, sowie den Verdacht einer Intoxication ausschliessen, ohne Weiteres als Cholera nostras angesprochen werden.

Schwierig dagegen und von ganz besonderer sanitätspolizeilicher Bedeutung wird die Differenzialdiagnose der Cholera, namentlich hinsichtlich ihrer Unterscheidung von einheimischer Cholera, wenn es sich um einen einzelnen Krankheitsfall handelt, welcher auftritt zu einer Zeit, wo eine Invasion der Seuche droht und der Verdacht einer Einschleppung nahe liegt. In solchen Fällen fand man früher nur in dem im Allgemeinen günstigeren Verlaufe der Cholera nostras und in dem Vereinzeltbleiben der Erkrankung Anhaltspunkte zur Stellung einer Diagnose. Diese war immerhin doch nur als eine Wahrscheinlichkeitsdiagnose zu bezeichnen, da auch ein Fall von indischer Cholera in gleicher Weise verlaufen und isolirt bleiben konnte.

Dank der Entdeckung des Cholerabacillus durch Koch ist seit dem Jahre 1884 eine sichere Grundlage für die Entscheidung gegeben, indem durch den Nachweis des genannten Mikroorganismus in den Darmentleerungen des Kranken, in Darminhalt und Darmwandung der Leiche, die Diagnose der indischen Cholera mit positiver Gewissheit gestellt werden kann.

Es führt dies zum zweiten Abschnitt, der einer Besprechung des Choleragiftes gewidmet ist.

# II. Das Wesen des Choleragiftes, die Träger und Erreger der Cholerainfection.

———

Schon seit dem ersten Auftreten der Cholera in Europa machte sich die Ansicht geltend, dass das Choleragift im kranken Körper reproducirt werde und organisirter Natur sei. So hat man denn das Blut von Cholerakranken, besonders aber die Darmentleerungen eingehenden Untersuchungen unterworfen, die einerseits durch das Mikroskop das Krankheitsgift in Gestalt eines organisirten Gebildes, andererseits experimentell die Exerete der Kranken als Sitz des Giftes nachweisen und eine Weiterzüchtung des letzteren ermöglichen sollten.

### (Aeltere Forschungen.)
#### (bis 1883.)

Untersuchungen der Stuhlentleerungen und des Blutes Cholerakranker.

Schon im Jahre 1838 beschrieb Böhm[1]) in den als „milchigt", „flockigt" oder „hafergrützartig" bezeichneten Cholerastühlen das Vorkommen von sphärischen organischen Theilchen, welche nach Art der Blätter einer Cactuspflanze zu Ketten und Bäumchen aneinander gereiht waren und den kurz zuvor von Schwann entdeckten und in ihrer Beziehung zur Weingährung erkannten Hefepilzen ähnlich erschienen. Boehm schloss hieraus auf das Vorhandensein bestimmter Gährungsvorgänge im Darmkanal des

———

[1]) Böhm, Die kranke Darmschleimhaut in der asiatischen Cholera. Berlin 1838.

Cholerakranken, ohne jedoch den aufgefundenen pflanzlichen Bildungen eine aetiologische Bedeutung für die Krankheit beizulegen.

Brittan und Swayne[1]) beschrieben kleine ringförmige Körperchen, welche sie während der Epidemie zu Bristol (1849) in den Dejectionen der Kranken und in der Luft der Krankensäle gefunden hatten, eine Angabe, welche theilweise von Bennet gelegentlich der Epidemie in Edinburg bestätigt wurde.

Pouchet[2]) berichtet, dass er in vier Fällen von Cholera regelmässig in den Reiswasserstühlen, falls dieselben in frischem Zustande untersucht wurden, nicht aber in dem Erbrochenen, kleine Thierchen von 7—8 μ Länge gefunden habe, welche bisweilen eine geschwinde Beweglichkeit zeigten. Pouchet spricht diese Mikroorganismen als die von Müller und Schrank beschriebene Vibrio rugula an und hält sie für identisch mit der schon von Leeuwenhoek bei einem Falle von Dysenterie entdeckten Vibrionenart.

Davaine[3]) fand in den Cholerastühlen lebende Mikroorganismen, welche er als zur Gattung Cercomonas gehörig betrachtete.

Pacini[4]) beschrieb in den Jahren 1854 und 1866 „kleine aus rundlichen Zellen zusammengesetzte, körnige, dem Bacterium Termo (Dujardin) ähnliche Körperchen". In seinem im Jahre 1880 veröffentlichten Buche[5]) giebt er an, dass er als Ursache des Epithelverlustes des Choleradarms einen Organismus von grösster Winzigkeit, von ungefähr $1/1000$ mm Grösse, welchen er „microbio colerigeno" nennen wolle, erkannt habe. Dieser Mikroorganismus zerstöre nicht nur das Epithel, sondern dringe auch manchmal in die darunter gelegene Schicht der Schleimhaut ein. Als er im Jahre 1867 Gelegenheit gehabt habe, die ganz frischen noch warmen Dejectionen eines Cholerakranken zu untersuchen, habe er zu seiner Ueberraschung eine äusserst lebhafte Molekularbewegung in denselben wahrgenommen, ganz unvergleichlich viel schneller als die gewöhnliche Brown'sche Bewegung. Er schliesst

---

[1]) Hirsch, Handb. der hist.-geogr. Pathologie, 2. Bearb. Stuttgart 1881. I. S. 335.
[2]) Comptes rendus 1849 II, tome XXVIII, S. 556.
[3]) Hirsch, l. c. S. 335.
[4]) ibid.
[5]) Pacini, Del processo morboso del colera asiatico. Firenze 1880, S. 22—25.

daraus, dass das „microbio colerigeno" ein „contagio animale„
sei, welches aber seine zerstörende Wirksamkeit auf die ober-
flächlicheren Partien der Darmschleimhaut vom Epithel beginnend
beschränke, ebenso wie die Krätze ihre Wirkung auf die Oberfläche der Haut begrenze, ohne eine Infection des Blutes hervorzubringen.

Mag nun Pacini die Cholerabacillen gesehen haben oder
nicht, jedenfalls hat er eine Verwerthung dieses Befundes für die
Diagnose, Aetiologie oder Prophylaxe der Krankheit nicht durch-
geführt, wie ja auch eine erfolgreiche speciellere Untersuchung
der von ihm als Erzeuger der Seuche angesprochenen kleinen
Lebewesen bei dem damaligen Stande der bakteriologischen Untersuchungstechnik nicht möglich war. Die Krankheitserscheinungen
sah Pacini als durch den enormen Wasserverlust bedingt an und
baute eine hydraulische Theorie auf, gemäss welcher er die einzelnen Symptome und die Stadien der Krankheit nach mathe-
matischen Formeln berechnen und erklären wollte.

Mac Carthey und Dove[1]) beschrieben im Jahre 1866 als
Befund frischer Choleradejectionen molekuläre, körnige, zum Theil
in lebhafter Bewegung befindliche Massen, welche in den Schleim-
flocken in Zellen verschiedener Grösse und verschiedener Stadien
des Zerfalles vorkämen.

Die gleichzeitig von deutschen Forschern angestellten mikroskopischen Untersuchungen und Kulturversuche standen unter dem
Banne der Hallier'schen Lehre von den Formencyklen und
krankten an dem Mangel einer grundsätzlichen Unterscheidung
der Spalt- und Schimmelpilze.

So machte in Wien gelegentlich der Choleraepidemie im
Jahre 1866 Klob[2]) die Cholerastühle zum Gegenstande eingehender Untersuchungen. Er fand als constante Befunde ausser
Cylinder- und Plattenepithelien, Blut und Schleim, Mikroorganismen verschiedener Art und zwar erstens Bakterien, welche sich
vom Bacterium termo dadurch unterscheiden sollten, dass die mit
selbstständiger Bewegung begabten, niemals in Ketten ange-
ordneten Stäbchen am Ende eine Anschwellung besässen, zwei-

---

[1]) London hospital reports 1866, III, S. 445, referirt in Virchow-Hirsch's
Jahresb. 1866, II, S. 199.
[2]) Klob, Pathol.-anatom. Studien über das Wesen des Cholera-Pro-
cesses. Leipzig 1867.

tens fand er „Leptothrixschwärmer und Gliederketten", welche
er als identisch mit leptothrix buccalis zu betrachten geneigt
war. Er sah diese Ansicht unterstützt durch den Umstand,
dass auch im Erbrochenen, wie in den Stühlen, sich diese
Pilzbildungen in enormer Menge vorfanden und legte einen Haupt-
werth auf dies quantitative Verhältniss. Die Pilzformen selbst
hielt er nahe verwandt mit den zuvor von Davaine eingehender
beschriebenen Milzbrandbacterien.

Thomé[1]) beschrieb einen von ihm in Choleraentleerungen ge-
fundenen und auf Citronenscheiben, Syrup und Hühnereiweiss,
Glycerin und Weizenbrod seiner Meinung nach weitergezüchteten
Pilz als „Cylindrotaenium cholerae asiaticae".

Hallier[2]) glaubte den schon im Jahre 1849 von Brittan und
Swayne aufgefundenen Cholerapilz zum zweiten Male entdeckt
und durch Kulturversuche seine Entwicklungsgeschichte klar gestellt zu haben. Er fand im Jahre 1867 in einem Cholerastuhl,
der von der vorjährigen Epidemie in einer verkorkten Flasche
aufgehoben war, eine Menge von Ustilagineenfrüchten, welche er
als zur Gattung Urocystis gehörig erkannte. Die vorgefundenen
gelatinösen Ballen betrachtete er als die zu dem Formencyklus der
Ustilagineen hinzugehörigen Mikrokokkenkolonien. Die Frage
jedoch, ob dieser vermeintliche Cholerapilz mit dem Contagium
identisch sei, liess er noch offen und meinte, dass dieselbe nur
durch Fütterungsversuch am Menschen entschieden werden könne.

Die gänzliche Unhaltbarkeit der Hallier'schen Lehren
wurde alsbald von de Bary[3]) und Cohn[4]) zur Genüge dargethan.

Nedswetzky[5]) züchtete während der Epidemie in Jaroslawl
1871 auf Gurken und Kartoffeln aus Choleraentleerungen vier
Formen von „Choleraorganismen", nämlich eine körnige Masse,
dem Hallier'schen Mikrokokkus entsprechend, ferner rosenkranz-
förmige Bakteridien, lange Bakteridien und kahnförmige Zellen.
Doch seien diese vier Formen auf zwei Arten zu reduciren, da die

[1]) Virchow's Archiv, Bd. 38, S. 221.
[2]) Hallier, Das Cholera Contagium. Botanische Untersuchungen.
Leipzig 1867.
[3]) Virchow-Hirsch's Jahresb. 1867, II, S. 240—252.
[4]) Bericht der schles. Gesellschaft 1868, S. 19.
[5]) Nedswetzky, Zur Mikrographie der Cholera. Dorpat. 1879.

rosenkranzförmigen wie die kahnförmigen Bildungen durch Aneinanderlagerung der einfacheren Formen entständen.

Die Untersuchungen des Blutes Cholerakranker haben zu wenigen positiven Resultaten hinsichtlich mikroskopisch nachweisbarer Veränderungen geführt. Oser[1]) berichtet, dass in dem von Stricker untersuchten Cholerablut die weissen Blutkörperchen ein auffälliges Verhalten zeigten, indem dieselben relativ vermehrt wären und sowohl die Molekularbewegung im Innern der Zellen, wie auch die Veränderungen der Contouren lebhafter seien als im normalen Blute.

Lewis und Cunningham[2]) beschrieben im Blute Cholerakranker eigene protoplasmatische Körperchen in amöboider Bewegung, ganz ähnlich den theils hyalinen. theils granulirten Körperchen, welche in den Flocken der Cholerastühle vorkämen. Monaden, Bakterien, Vibrionen oder Pilze vermochten sie trotz ausgedehntester Untersuchungen im Cholerablute nicht nachzuweisen.

Von den in jüngster Zeit von Emmerich aus dem Blute gezüchteten Neapeler Bacillen wird weiter unten die Rede sein.

### Infectionsversuche mit Blut oder mit Entleerungen Cholerakranker.

Magendie[3]) injicirte 8 Unzen Cholerablut in die Vena Jugularis eines Hundes, welchem vorher eine gleiche Blutmenge entzogen war. Nach 8 Stunden trat unter choleraähnlichen Erscheinungen der Tod ein. Durch Anwendung geringerer Mengen gelang es ihm nicht, dasselbe Resultat zu erreichen.

Von Namias[4]) wurden 1836 eine Reihe von Impfversuchen angestellt. Er brachte ein erdbeergrosses Blutgerinnsel eines im Stadium algidum verstorbenen Kranken unter die Haut eines Kaninchens. Das Thier starb nach 5 Tagen. Von seinem Blute

---

[1]) Virchow-Hirsch's Jahresb. 1867, II, S. 228.
[2]) Centralbl. f. d. med. Wiss. 1873, S. 329—332.
[3]) Magendie, Leçons sur le choléra-morbus faites au collége de France. Paris 1832. 5. Leçon.
[4]) Jos. Meyer, Impfversuche mit dem Blute und den Ausleerungen Cholerakranker. Virchow's Archiv Bd. IV, S. 29.

wurde weiter geimpft und durch die Impfung stets ein Absterben
der Thiere in 2 bis 6 Tagen erzielt. Es unterliegt wohl keinem
Zweifel, dass es sich hierbei um eine Erzeugung von Septicaemie
handelte. Dass nicht von einer specifischen Wirkung des Cholera-
blutes die Rede sein konnte, ergab sich aus den Versuchen von
Jos. Meyer, welcher durch Verwendung des Blutes anderer
Leichen dieselben Resultate erhielt.

Im Uebrigen waren die von zahlreichen Forschern wie Novati,
Semmola, Calderini u. a. mit Blut von Cholerakranken oder
-Leichen angestellten Impfversuche meist von negativem Erfolge
begleitet.

Hinsichtlich der Darmentleerungen hatte schon v. Hildenbrand[1]) im Jahre 1831 berichtet, dass Hunde, Katzen und Hühner,
welche die Dejectionen verzehrt hatten, zum Theil gestorben seien.
Es wurden von jener Zeit an bis auf die letzten Jahre von
Meyer[2]), Chareellay[3]), Croeq[4]), Legros und Goujon[5]),
Leyden[6]), Popoff[7]), Richards[8]) vielfach Thierversuche angestellt, als deren Resultat kurz angegeben werden kann, dass die
Cholerastühle dem Verdauungscanal von Hunden, Katzen, Hühnern
oder Schweinen einverleibt, eine krankmachende Wirkung entfalten
können. Ob es sich hierbei regelmässig nur um eine toxische
Wirkung oder in einzelnen Fällen thatsächlich um eine Erzeugung
von Cholera unter Reproduction des Krankheitsgiftes gehandelt
habe, soll hier nicht weiter untersucht werden.

Thiersch[9]) glaubte, im Einklange mit der Ansicht, dass das
in den Dejectionen enthaltene Gift einer gewissen Reifung bedürfe, durch Versuche an weissen Mäusen, welche er mit an Fliesspapier angetrockneten alten Cholerastühlen fütterte, eine grössere

---

[1]) v. Hildenbrand, Über das gleichzeitige Erkranken der Thiere
und Pflanzen zur Zeit herrschender Epidemien, besonders der epidemischen
Cholera, Schmidt's Jahrb. 1839, 22. Bd. S. 154.

[2]) l. c.

[3]) Schmidt's Jahrb. 1856, IV, S. 253.

[4]) Virchow-Hirsch's Jahresb. 1866, II, S. 210.

[5]) ibidem.

[6]) Wiewiorowsky, De chol. asiat. path. et ther. Dissert. Regiom. 1866.

[7]) Berl. Klin. Wochenschr. 1872, No. 33.

[8]) British medic. journ. 1884, S. 1221.

[9]) Thiersch, Infectionsversuche an Thieren mit dem Inhalte des
Choleradarms. München 1855.

Giftigkeit der Entleerungen im Zustande der Zersetzung nachgewiesen zu haben, da Mäuse, welche frische Dejectionen verzehrten,
gesund blieben. Die mangelnde Stichhaltigkeit der Thiersch'-
schen Versuche wurde durch H. Ranke[1] dargelegt, welcher
zeigte, dass die Verfütterung von Fliesspapier allein schon ähnliche schädliche Folgen an Mäusen hervorzubringen im Stande ist.

Die Giftigkeit der bei Cholera erbrochenen Massen wurde
wiederholt durch absichtliche und nicht beabsichtigte Versuche
auch am Menschen geprüft.

So berichtet Meyer (l. c. S. 32), dass Joy in Warschau eine
nicht näher angegebene Menge von Erbrochenem ohne Schaden
genossen habe, während wie Schmidt berichtet, ein Betrunkener
aus Versehen ein halbes Bierglas erbrochener Flüssigkeit ohne
üble Folgen zu sich genommen habe.

Als ein beweiskräftiges Experiment dafür, dass den Cholerastühlen der Krankheitsstoff anhafte, darf folgende von Macnamara mitgetheilte Beobachtung gelten. Durch einen Zufall (?)
waren Choleradejectionen in ein Wasser gerathen, welches einen
Tag lang der Sonnenhitze ausgesetzt blieb und dann von 19 Personen getrunken wurde. Von diesen erkrankten 5 binnen 36 Stunden an Cholera.

Die Exhalationen von Dejectionen, Erbrochenem, Harn
und Kleidern Cholerakranker wurden von Lindsay[2] zur Erzeugung von Cholera an Thieren in Anwendung gezogen. Die anscheinend positiven Resultate, welche er an vier Hunden erhalten,
die er vorher durch schlechte Kost, Zusammenpferchen in engem
Raume und in feuchter Luft, durch Verkommenlassen im eigenen
Unrath möglichst heruntergebracht und dann den Emanationen
von Cholerastühlen, -Blut und -Kleidern ausgesetzt hatte, dürften
eine zweifellose Beweiskraft nicht besitzen.

Der Frage, ob überhaupt Thiere zu Choleraczeiten spontan,
beziehungsweise unter ähnlichen Bedingungen wie der Mensch an
der Seuche erkranken könnten, ist von Wolffhügel[3] näher ge-

---

[1] H. Ranke, Cholera-Infections-Versuche an weissen Mäusen. Vor-
trag. (Sep.-Abdr.) München 1874.

[2] Schmidt's Jahrb. 1856 IV. S. 253, s. auch Lancet 1866 S. 600, on
cholerization.

[3] Wolffhügel, Zur experimentellen Bearbeitung der Cholerainfectionsfrage, Arch. f. experimentelle Pathol. u. Pharmakol. I. S. 414—419.

treten worden. Doch lag trotz der zahlreichen Mittheilungen von
v. Hildenbrand, Hering, Radcliffe, Rothamel, Mistler u. a. über
die bei Hausthieren (Ziegen, Hunden, Schweinen, Pferden), bei
Vögeln, beim Wild und bei Fischen angeblich beobachteten Erkrankungen kein genügendes den Forderungen der Kritik ent-
sprechendes Material zur Entscheidung vor.

Speciell während der Münchener Epidemie 1873/74 konnten
von Wolffhügel keine Wahrnehmungen gemacht werden, die auf
eine Miterkrankung von Hausthieren u. dergl. hätten schliessen
lassen. Ebensowenig konnte die Choleracommission des Deutschen
Reiches (1873/79), wie auch, was hier gleich vorweg bemerkt werden mag, die im Jahre 1884 zu Berlin tagende Choleraconferenz
über solche berichten. Es mag dabei noch besonders betont
werden, dass auch in einer Gegend, wo während des ganzen
Jahres und über das ganze Land der Infectionsstoff verbreitet
ist, wie in Bengalen, niemals in zuverlässiger Weise eine Choleraerkrankung der Thiere beobachtet worden ist (R. Koch[1]).

### (Neuere Forschungen.)

#### (seit 1883.)

Die älteren Forschungen über das Wesen des Choleragiftes
hatten zu mannichfachen widersprechenden Angaben geführt. Dieselben hatten nicht einmal darüber Klarheit erbringen können, ob
der Angriffspunkt des Krankheitsstoffes im Blut oder im Darm zu
suchen sei. Diese Erfolglosigkeit zahlreicher, mit grösstem Eifer
ausgeführter Arbeiten war wesentlich bedingt durch die Mangelhaftigkeit der zu Gebote stehenden Untersuchungsmethoden.

Unser Fortschritt in der Erkenntniss des Wesens der Infektions-
krankheiten überhaupt und der Cholera insbesondere war durch
wichtige Verbesserungen der Untersuchungstechnik angebahnt, ja,
überhaupt erst möglich gemacht worden. Die mikroskopischen
Instrumente erfuhren, nachdem man noch wenige Jahre vorher die
Grenze des Möglichen erreicht zu haben glaubte und eine weitere
Verbesserung als durchaus unwahrscheinlich hingestellt hatte, in
Gestalt der homogenen Immersionssysteme eine nicht geahnte Ver-

---

[1] VI. Bericht der deutschen wissenschaftlichen Commission zur Erforschung der Cholera, d. d. Kalkutta, den 2. Febr. 1884.

vollkommnung, während andererseits die schon seit vielen Jahren
bekannten, zuerst von Dujardin benutzten Condensoren in der Form
des Abbe'schen Beleuchtungsapparats nach Koch's Vorgange speciell für den Nachweis von Mikroorganismen innerhalb der Gewebe
benutzt werden konnten. Als ein neues Gebiet war die Technik
der Bakterienfärbung mittelst Anilinfarben von Weigert angebahnt
und von diesem, wie von Koch und Ehrlich weiter ausgebildet
und zu unterscheidenden Prüfungen verwerthet worden, die in
ihrer Schärfe chemischen Reactionen an die Seite gestellt werden
dürfen. Vor allem aber war von epochemachender Bedeutung die
Aufnahme der von Koch in ihrem ganzen Werthe erkannten und
der modernen Bakterienforschung fortan zu Grunde gelegten Kultur
auf dem festen Nährboden. Erst durch letztere ist es möglich
geworden, die in ihrer Gestalt im mikroskopischen Bilde oft wenig
von einander abweichenden Mikroorganismen zu unterscheiden, die
gesuchten Arten von anderen Formen und von zufälligen Verunreinigungen zu trennen und die charakteristischen biologischen
Eigenschaften der einzelnen isolirten Species kennen zu lernen.

Nachdem es Dank dieser Methode gelungen war, für einzelne
Infectionskrankheiten die specifischen Krankheitskeime in Gestalt
kleinster Lebewesen nachzuweisen, durfte man hoffen auch das
unheimliche Räthsel der Cholera zu lösen.

So war denn die Entdeckung der Cholerabacillen durch
Robert Koch im Jahre 1883 nicht das zufällige Geschenk eines
glücklichen Augenblicks, sondern die Frucht unermüdlicher plan-
mässiger Arbeit.

Mit zuversichtlichem Vertrauen auf einen glücklichen Erfolg
hatte im genannten Jahre die wissenschaftliche Welt Deutschlands
die Entsendung der deutschen Choleracommission unter Koch's Lei-
tung nach Aegypten und später nach Indien begrüsst. Mit beispiel-
losem Interesse verfolgte man an der Hand der officiellen Berichte
den Gang und die Resultate ihrer Untersuchungen. Nachdem zunächst in Aegypten in der Darmwandung von frischen Choleraleichen Bakterienbefunde angetroffen worden, wie sie in gleicher
Weise Koch schon einige Jahre früher, ohne jedoch dieser Erscheinung eine besondere Bedeutung beizulegen, an Darmpräpa-
raten von vier indischen Choleraleichen constatirt hatte, konnten
weiterhin nach Uebersiedelung der Commission nach Kalkutta die
sogenannten Kommabacillen als ein regelmässiger Befund der

Choleradejectionen und als etwas der Cholera Eigenthümliches nachgewiesen, als eine durch bestimmte Merkmale ausgezeichnete Bakterienart isolirt gezüchtet, auf ihre biologischen Eigenschaften untersucht, und schliesslich als die specifischen Krankheitserreger der Seuche proklamirt werden.

## Die Koch'schen Cholerabacillen.

Der Beweis der ätiologischen Bedeutung der Cholerabacillen wird durch folgende Thatsachen begründet:

1. Die in Rede stehenden in ihrem Wachsthum und biologischen Verhalten genau charakterisirten und von andern Mikroorganismen differenzirten Bacillen werden constant bei der indischen Cholera gefunden, während sie bei anderen Krankheiten und beim Gesunden nicht vorkommen.

2. Ihr Sitz entspricht dem Orte der Krankheit, der Stelle der anatomischen Veränderungen, ihre Menge der Intensität der Krankheitserscheinungen.

3. Ihre Einverleibung kann bei Menschen nachweislich Cholera und unter Umständen bei Thieren choleraähnliche Zustände zur Folge haben. Sie vermögen durch ihre Lebensthätigkeit auch ausserhalb des menschlichen Körpers in künstlichen Nährlösungen giftige Stoffe zu produciren, welche, dem thierischen Körper einverleibt, den Symptomencomplex der Choleraintoxication hervorrufen.

Schliesslich haben die experimentellen Untersuchungen der biologischen Eigenschaften der Cholerabacillen, wie ihrer Existenzbedingungen zu Ergebnissen geführt, welche zum grossen Theile eine Bestätigung und Begründung derjenigen Anschauungen darstellen, welche man sich schon vor einer exacten Erkenntniss über die Beschaffenheit und die Eigenschaften des vermutheten Contagium animatum theils auf Grund der empirischen Beobachtung, theils auf dem Wege speculativer Deduction gebildet hatte.

Nachdem nunmehr durch die Entdeckung der specifischen Krankheitserreger die Auffassung der Cholera als einer mikroparasitären Infectionskrankheit ihre Begründung gefunden hat, dürfen wir aus dem im Folgenden kurz geschilderten morphologischen und biologischen Verhalten derselben entscheidende Anhaltspunkte für die Diagnose wie für eine Prophylaxe der Cholera erwarten.

## Vorkommen der Cholerabacillen.

Die Cholerabacillen finden sich meist schon in den ersten
Stühlen nach Beginn der Erkrankung, sind auf der Höhe derselben fast als Reinkultur, besonders in den weissen Flöckchen
der charakteristischen Dejectionen vorhanden, verschwinden aber
nach dem Choleraanfall schnell aus den Entleerungen, wenn diese
wieder eine kothige Beschaffenheit annehmen. Im Cadaver der im
eigentlichen Choleraanfall Verstorbenen findet man sie in der
Wandung des Dünndarms, woselbst sie in die schlauchförmigen
Drüsen, zwischen das Epithel und die Basalmembran und in die
oberflächliche Schicht der Schleimhaut eingedrungen sind, namentlich
in der Nähe der Peyerschen Plaques, welche in diesem Falle von
einem gerötheten Saume umgeben erscheinen.

Hat die Krankheit schon einige Tage gedauert, so finden sie
sich nicht mehr im Verlaufe des ganzen Dünndarms, sondern nur
noch vorzugsweise an den Stellen, an welchen das Epithel noch
erhalten ist.

Als längste Dauer ihres Vorkommens im Darmcanal sind von
Nicati und Rietsch einmal ausnahmsweise 13 Tage beobachtet
worden, Tizzoni und Cattani[1] berichten, dass sie dieselben
einmal noch am 15. Krankheitstage gefunden haben.

In den inneren Organen (Milz, Nieren, Lungen, Hirn), in den
Muskeln, im Blut, im Harn, in anderen Excreten und Secreten
kommen die Cholerabacillen beim Menschen nicht vor, nur im
Gallengang und in der Gallenblase sind sie unter 18 Fällen 5 mal,
in der Leber im Ganzen 2 mal von Nicati und Rietsch angetroffen worden. Es handelte sich dabei stets um ältere Fälle
und wird dem Vorkommen der Bacillen in der Leber von den
genannten Forschern ein aetiologischer Zusammenhang mit den
Erscheinungen des Choleratyphoids zugeschrieben. Im Wider-
spruch mit den Resultaten der übrigen bakteriologischen Forscher
stehen die Befunde von Tizzoni und Cattani, welche ihrer Angabe nach die Cholerabacillen auch häufig im Blute und in einzelnen Fällen in der Cerebrospinalflüssigkeit gesehen haben, eine
Züchtung der Bacillen sei ihnen jedoch aus dem Blute niemals, aus
der Subarachnoidealflüssigkeit nur in einem einzigen Falle gelungen.

---

[1] Tizzoni u. Cattani, Untersuchungen über Cholera, Centralbl. f. d.
med. Wissensch. 1886, Nr. 43.

## Morphologisches Verhalten.

Die Cholerabacillen stellen 1—1,₅ μ lange, 0,₃—0,₅ μ dicke gekrümmte Stäbchen dar, welche öfters zu zweien in einer S-form, halbkreisförmig oder in langen Spiralen aneinander gereiht erscheinen (s. Tafel II, Fig. 8 und Tafel III, Fig. 9). Die Bacillen besitzen eine lebhafte Eigenbewegung, welche sich am besten bei Untersuchung der lebenden Bacillen im hängenden Tropfen beobachten lässt und in ihrer Gesammtwirkung an das Bild eines Mückenschwarms erinnert (500 fache Vergrösserung).

Die Form der Mikroorganismen wird am besten erkennbar, wenn man die angetrockneten Deckglaspräparate mit Anilinfarben färbt. Es eignet sich vorzüglich dazu eine gesättigte wässerige Fuchsinlösung, andernfalls benutzt man mit der vierfachen Menge Wassers verdünnte alkoholische Lösungen von Fuchsin, Methylenblau oder Gentianaviolet. Die abgestorbenen Bacillen nehmen die Farbstoffe weniger gut an. Die Färbbarkeit bleibt zunächst noch den beiden Enden erhalten, während das Mittelstück nicht mehr gefärbt wird, woraus man irrthümlicherweise (Ce ci) eine endogene Sporenbildung hat folgern wollen. Zahlreichere gefärbte Spirillen als im trockenen Deckglaspräparat, bei dessen Herstellung ein grosser Theil der Spirillen zerfällt, erhält man durch Zusatz von etwas Farblösung zum hängenden Tropfen, es werden alsdann die noch in Bewegung befindlichen Spirillen gefärbt. In älteren Kulturen kommen an den Spirillen kugelige und keulenförmige Auftreibungen vor, welche als Involutionsbildungen aufzufassen sind.

Die blosse Form im mikroskopischen Bilde genügt aber nicht, um immer mit Sicherheit die Cholerabacillen von ähnlichen gekrümmten Bakterienformen zu unterscheiden. Hierfür müssen die Wachsthumsverhältnisse und das Aussehen der makroskopisch sichtbaren Vegetationen zu Rathe gezogen werden. Auf Gelatineplattenkulturen entwickeln sich bei ungefähr 20° C. in den ersten 24 Stunden aus den ausgesäeten einzelnen Keimen Kolonien, welche bei 100 facher Vergrösserung als blasse kleine, aber nicht vollkommen kreisrunde, sondern höckerige Tröpfchen erscheinen. Nach weiteren 24 Stunden tritt eine ausgesprochene Körnung der Kolonie ein, welche den Eindruck macht, als ob sie aus kleinen Glasbröckchen zusammengesetzt sei (vgl. Tafel II, Fig. 8 und Tafel V Fig. 13 u. 14). Jetzt zeigt sich auch ein Einsinken

der Kolonie unter das Niveau der Oberfläche, indem durch Verflüssigung der Gelatine innerhalb der nächsten Umgebung eine
trichterförmige Vertiefung entsteht, in deren Mitte die Kolonie als
weisses Pünktchen zu erkennen ist. Die einzelnen Kolonien erreichen, vorausgesetzt dass nicht durch eine zu dichte Aussaat
ein frühzeitiges Zerfliessen der Gelatineplatte verursacht wird,
eine Grösse von 3—4 mm Durchmesser. Dicht besäete Platten
zeigen in den ersten Tagen das Aussehen einer matten Glasplatte.
Die Plattenkulturen lassen einen aromatischen Geruch erkennen, wie
er auch bei der Oeffnung von Choleraleichen wahrgenommen wird.

Die Stichkulturen in Reagensgläsern mit Nährgelatine zeigen ein charakteristisches Wachsthum, welches eine Unterscheidung
der Cholerabacillen von allen anderen bisher bekannten Mikroorganismen ermöglicht. Binnen 24 Stunden entsteht längs des
Impfstiches eine leichte Trübung, weiterhin tritt eine Verflüssigung
der Gelatine in Gestalt eines sehr schlanken Trichters ein, in
dessen oberem Abschnitte eine Luftblase zu schweben scheint,
ein Befund, der aus der hier stattfindenden schnellen Verdunstung
der Gelatineflüssigkeit zu erklären ist. Das verflüssigte Nährmaterial erscheint durchsichtig, ist nur wenig durch suspendirte
feinste grauweisse Flöckchen getrübt, welche sich namentlich in
dem unteren Theil des Trichters, manchmal unter Bildung kork-
zieherähnlicher Windungen ansammeln und mit zunehmendem
Alter eine mehr gelbbräunliche Färbung annehmen. (vgl. Tafel I,
Fig. 1 und 3).

Zum Wachsthum auf gekochten Kartoffeln bedürfen die
Cholerabacillen einer etwas höheren Temperatur als in Gelatine
(über 20° C., am besten Brütwärme); sie bringen auf denselben in
1 bis 2 Tagen einen dünnen hellgelbbräunlichen breiartigen Ueberzug
hervor (siehe Tafel II, Fig. 5).

Auf Agar-Agar entwickeln sich die Cholerakolonien in Gestalt
einer graugelben, schleimigen Auflagerung.

## Die diagnostische Verwerthung der Cholerabacillen, die bakteriologische Diagnose der Cholera.

Die entscheidende Diagnose der Cholera, speciell die Differenzialdiagnose von Cholera nostras stützt sich, wie schon oben
erwähnt, ausschliesslich auf den Nachweis der Cholerabacillen.

Derselbe geschieht einerseits durch directe mikroskopische Untersuchung, andrerseits durch das Kulturverfahren, welche stets beide zur Sicherung der Diagnose in Anwendung zu ziehen sind.

Die directe mikroskopische Untersuchung erstreckt sich auf die Darmentleerungen des Cholerakranken, Darminhalt und Darmwandung der Choleraleiche. Von den Dejectionen oder dem Darminhalt wird ein stecknadelkopfgrosses Schleimflöckchen mit einer ausgeglühten Nadel auf ein Deckgläschen gethan und auf demselben verrieben. Letzteres wird nach dem Trocknen dreimal durch die Flamme gezogen und mit der Farbstofflösung (Fuchsin, Gentianaviolett oder anderen) gefärbt. Je nach dem Stadium der Krankheit und nach der Beschaffenheit der Dejectionen wird man das charakteristische Bild der kommaförmigen Cholerabacillen als Reinkultur oder mehr oder weniger mit anderen Arten von Mikroorganismen gemischt, bezw. von diesen in den Hintergrund gedrängt, auffinden.

In gleicher Weise wie vom Darminhalt können auch von abgeschabten Epithelmassen der Darmwandung gefärbte Deckglaspräparate angefertigt werden.

Ist schon zur Untersuchung der gefärbten Deckglaspräparate ein Abbe'scher Beleuchtungsapparat und eine homogene Oelimmersion kaum zu entbehren, so werden diese Requisiten absolut erforderlich, wenn es sich darum handelt, die Cholerabacillen in Schnitten der Darmwandung nachzuweisen, eine Aufgabe, die vom praktischen Standpunkte aus seltener in Frage kommen dürfte. Zu diesem Behufe werden die in Alkohol gehärteten Darmstücke zusammengerollt in Glycerin-Gelatine oder eine ähnliche erstarrende Masse eingebettet, mittelst des Mikrotoms in feine Schnitte zerlegt, in welchen nach einfacher Kernfärbung (Fuchsin bezw. Carbolfuchsinlösung) mit nachfolgender kurzer Entfärbung in Säure die Bacillen sichtbar gemacht werden können.

Das Kulturverfahren bezweckt, die in den Dejectionen enthaltenen Cholerakeime zu isoliren, sie zur Vermehrung und in Gestalt der durch letztere entstehenden wohlcharakterisirten Kolonien zur Anschauung zu bringen und als Reinkultur darzustellen.

Ein Theilchen einer Schleimflocke oder, wenn solche nicht vorhanden sind, eine Platindraht-Oese der zu untersuchenden Dejectionen wird in ein Röhrchen verflüssigter Nährgelatine gethan und in dieser durch wiederholtes Neigen des Glases gleichmässig

vertheilt. Von dieser inficirten Nährflüssigkeit werden mit der
Platindraht-Oese einige Tröpfchen in ein zweites Gläschen verflüssigter Gelatine gebracht, von welcher aus durch Ueberführung
einer etwas grösseren Zahl von Oesen (3—6) in ein drittes Gläschen eine weitere Verdünnung hergestellt wird. Die Nährflüssigkeit
wird dann aus den Röhrchen auf sterilisirte, abgekühlte Glas-
platten gegossen, auf denen sie als „Gelatineplatte" erstarrt.
Diese Plattenkulturen, bei ca. 20⁰ C aufbewahrt, zeigen nach
1—2 Tagen die aus den eventuell vorhandenen Cholerakeimen entwickelten charakteristischen Kolonien. Von letzteren sind gefärbte
Deckglaspräparate, Kulturen im hängenden Tropfen im hohlgeschliffenen Objectträger, Stichkulturen im Reagensgläschen mit er-
starrter Nährgelatine, sowie Kartoffelkulturen anzulegen, um nach
jeder Richtung hin die Identität der Cholerabacillen darzuthun.

Dies Gelatineplattenkulturverfahren mit der nach-
folgenden weiteren Prüfung und Verarbeitung der Kolonien, die
mit der Herstellung der aufzubewahrenden, später jeder Zeit controlirbaren Reinkultur endet, ist die eigentliche klassische
Methode, die Cholerabacillen mit Sicherheit nachzuweisen, zu
isoliren und zu identificiren.

Neben dieser Methode oder falls dieselbe aus äusseren Gründen
undurchführbar ist, können aushilfsweise folgende Verfahren
Verwendung finden, welche den Nachweis der Cholerabacillen
durch ihre Vermehrung erleichtern oder ermöglichen sollen, welche
jedoch wegen der Concurrenz der daneben vorhandenen anderen
Mikroorganismen auf Sicherheit keinen Anspruch besitzen und
nicht zur Gewinnung einer Reinkultur führen.

Die Kultur im hohlgeschliffenen Objectträger wird
ausgeführt, indem ein am Deckgläschen haftender Tropfen steriler
Bouillon mit einem winzigen Theilchen einer Schleimflocke inficirt,
mit Vaseline über der Höhlung eines hohlgeschliffenen Object-
trägers luftdicht fixirt und bei Brütschranktemperatur, jedenfalls
aber bei einer Temperatur über 17⁰ C aufbewahrt wird. Nach
24 Stunden kann eine schon mit blossem Auge an der entstandenen
Trübung des Tropfens wahrnehmbare üppige Vermehrung der
vorhandenen Cholerakeime Platz gegriffen haben, deren charakteristische Gestalt bei der mikroskopischen Betrachtung besonders
am Rande des Tropfens, woselbst sie sich ihrem Sauerstoffbedürfniss
entsprechend dicht angesammelt haben, wahrnehmbar wird.

Der Nachweis der in den Dejectionen vorhandenen wenig zahlreichen Cholerabacillen kann manchmal durch die Vermehrung derselben erleichtert werden, wenn man die suspecte Materie auf
Wäsche oder feuchter Erde 24 bis 36 Stunden lang bei Blut-
wärme zwischen zwei Tellern oder unter einer Glasglocke aufbewahrt (Koch).

Eine solche Vermehrung kann auch erzielt werden, wenn man
möglichst frische Stücke aus den oberen Dünndarmpartien
vom Hammel, Kalb oder Meerschweinchen, der Länge nach auf-
geschnitten, mit sterilem Wasser gründlich abwäscht, die Innen-
fläche mittelst der Platinnadel mit der verdächtigen Masse impft
und das Präparat in feuchter Kammer bei erhöhter Temperatur
aufbewahrt. Es kann dann in 48 Stunden das ganze Epithel in
einen fast nur aus Cholerabacillen bestehenden Brei verwandelt
sein[1]). Die erbrochenen Massen, in denen ja auch das Vorkommen der Cholerabacillen kein regelmässiges ist, sind, falls sie
sauer reagiren, zu derartigen Kulturversuchen nicht geeignet,
andererseits lässt manchmal ihre alkalische Reaction gerade in den
Fällen, wo sie Cholerabacillen enthalten, erkennen, dass es sich
um Darminhalt handelt.

Schottelius[2]) hat folgendes Verfahren angegeben, um aus
Dejectionen die etwa vorhandenen spärlichen, mit anderen Mikroorganismen vermischten Cholerabacillen in vermehrter Anzahl und
von den anderen Formen gesondert zur mikroskopischen Darstellung
zu bringen. Es werden 100—200 ccm der verdächtigen Dejectionen
mit 250—500 ccm einer leicht alkalischen Fleischbrühe vermengt,
gut umgerührt und geschüttelt und in einem hohen Gefässe,
Becherglas oder Cylinder, an einem warmen Ort aufbewahrt.
Nach 12 Stunden können dann die beweglichen stark vermehr-
ten Cholerabacillen, welche sich, ihrem Sauerstoffbedürfniss
folgend, an der Oberfläche der Flüssigkeit angesammelt haben,
in den daselbst entnommenen mikroskopischen Präparaten nachgewiesen werden. Das Verfahren hat den Vorzug, dass auf einmal
grössere Mengen von Entleerungen in Untersuchung gezogen werden
können.

[1]) Nicati u. Rietsch, Recherches sur le choléra. Paris 1886.
[2]) Schottelius, Zum mikroskopischen Nachweis von Cholerabacillen
in Dejectionen. Deutsche med. Woch. 1885. No. 14.

Gruber[1]) ist es nur dann gelungen durch das Verfahren von Schottelius die Cholerabacillen aufzufinden, wenn sie in nicht sehr geringer Zahl vorhanden waren und auch auf andere Weise nachgewiesen werden konnten. Günstigere Erfolge erzielte er mit der nachstehenden, von Buchner angegebenen Methode.

Nach Buchner's[2]) Erfahrung eignet sich zum Nachweis und zur Züchtung der Cholerabacillen gerade in solchen Fällen, wo sie nur spärlich inmitten andrer Keime vorhanden sind, eine Nähr- flüssigkeit, welche mit den Zersetzungsproducten der Cholerabacillen geschwängert ist. Man verwendet zu diesem Zwecke eine 8 Tage lang gezüchtete Reinkultur von Cholerabacillen in Fleischwasser- peptonlösung, welche durch Erhitzen sterilisirt und mit 0,6procen- tiger Kochsalzlösung auf das 5—10fache verdünnt wird (Buchner). Nach der Einsaat eines Schleimflöckchens entsteht dann nach 18 Stunden an der Oberfläche ein Bakterienhäutchen, welches Komma- bacillen in grosser Menge enthält und zur Plattenkultur verwandt werden kann.

## Den Cholerabacillen ähnliche Bakterienarten.

Alsbald nach der Entdeckung der „Kommabacillen" hat man mit grösstem Eifer auf das Vorkommen ähnlicher wie überhaupt gekrümmter Formen unter den Bakterien gefahndet. In der That ist in verschiedenen Medien eine kleine Anzahl von gekrümmten Bacillen gefunden worden, welche zum Theil eine grosse Aehn- lichkeit in der Gestalt mit den Cholerabacillen aufweisen. Da man die bakteriologische Diagnose der Cholera nicht lediglich auf das morphologische Bild begründet, dieses vielmehr nur im Zusammenhang mit den biologischen Merkmalen würdigt, welche sich beim Kulturverfahren herausstellen, so können hinsichtlich der Möglichkeit einer Verwechselung oder einer Erschwerung der Feststellung des Thatbestandes nur diejenigen Bakterien- arten in Betracht kommen, welche neben der Aehnlichkeit in der Gestalt auch ein analoges Verhalten beim Wachs- thum in den verschiedenen Nährmedien aufweisen.

Als solche Formen sind die Finkler-Prior'schen Bacillen, die Deneke'schen Spirillen und die Miller'schen Bacillen

---

[1]) Wiener med. Wochenschr. 1887, No. 7 u. 8.
[2]) Aerztl. Intelligenzbl. 1885, No. 50, S. 752.

zu bezeichnen, die jedoch sämmtlich durch das Kulturverfahren mit Leichtigkeit und Sicherheit von den Cholerabacillen unterschieden werden können.

Für die Finkler-Prior'schen Bacillen, welche zuerst aus einer nicht mehr frischen Entleerung von Cholera nostras gezüchtet worden waren, wurde Anfangs von ihren Entdeckern eine Identität mit den Cholerabacillen in Anspruch genommen, jetzt werden sie von den genannten Forschern[1]) wenigstens noch als specifische Krankheitserreger der Cholera nostras hingestellt — eine Behauptung, deren Richtigkeit bei der beschränkten Anzahl von sechs Fällen, in denen sie bei jener Krankheit nachgewiesen wurden, zweifelhaft erscheinen muss, zumal sie von anderen Untersuchern (Koch, Watson-Cheyne, Biedert, Nicati und Rietsch, van Ermengem, Meyhofer[2]) nicht aufgefunden werden konnten. Kuisl[3]) hat diese Bacillen im normalen Coecuminhalt eines Selbstmörders angetroffen, Gruber[4]) hat dieselben jüngst in reichlicher Menge im Darminhalt bei einem Falle von tödtlich verlaufenen Brechdurchfall gefunden. — Wenn man Meerschweinchen eine Reinkultur der Finkler'schen Bacillen direct in das Duodenum injicirt oder nach Verabreichung einer Alkalilösung und einer Opiumeinspritzung in den Magen bringt, so geht ein Theil der Thiere zu Grunde. Der Darminhalt, in welchem sich die Bacillen üppig vermehrt haben, zeigt dann einen widerlichen Fäulnissgeruch, welcher auch von den Finkler-Prior'schen Bacillen in den gleich zu besprechenden Gelatinekulturen entwickelt wird.

Die Deneke'schen Spirillen[5]) waren im Göttinger hygienischen Institut aus einem längere Zeit aufbewahrten Käse isolirt worden.

Die Unterscheidung der Cholerabacillen von den genannten beiden gekrümmten Bakterienarten kann im gefärbten Deckglaspräparat schwierig, ja für das mindergeschulte Auge unmöglich werden, wiewohl im Allgemeinen die Finkler-Prior'schen Bacillen durch ihre etwas plumpere Gestalt (s. Taf. III u. IV), die Denekeschen Spirillen durch ihre eher etwas kleinere Form und die engere

[1]) Finkler u. Prior, Forschungen über Cholerabakterien. Bonn 1885.
[2]) Deutsche med. Wochenschr. 1885. No. 46, S. 798.
[3]) Aerztl. Intelligenzblatt 1885. No. 36 u. 37.
[4]) Wiener med. Wochenschr. 1887. No. 7 u. 8.
[5]) Deutsche med. Wochenschr. 1885. No. 3.

Windung ihrer Schraubengänge von den Cholerabacillen sich unterscheiden lassen. Ohne Schwierigkeit jedoch wird durch die maassgebende Prüfung mittelst des Kulturverfahrens eine Differenzirung der drei Mikroorganismenarten auch für den weniger Geübten ermöglicht. Dieselben zeigen nämlich eine sinnfällige Verschiedenheit in ihrem Verhalten gegenüber den gebräuchlichen Nährmedien, der Nährgelatine und der gekochten Kartoffel. Erstere wird von den Finkler-Prior'schen Bacillen in weit rapiderer Weise als von den Cholerabacillen, von den Dencke'schen Spirillen mit einer Schnelligkeit verflüssigt, welche dazwischen liegt. Auf Kartoffeln wachsen die Finkler'schen Bacillen schon bei gewöhnlicher Temperatur (16° C.) in üppiger Weise in Gestalt einer weissgelblichen, dicken Auflagerung, die Cholerabacillen erst bei höherer Temperatur (über 20° C) und weniger reichlich in der Form eines dünnen hellgelbbräunlichen Ueberzuges (vgl. Taf. II, Fig. 5 u. 6), während die Dencke'schen Spirillen auf Kartoffeln sich überhaupt nicht entwickeln. — Auf den Gelatineplatten macht sich schon nach den ersten 24 Stunden vor Beginn der Verflüssigung der Unterschied geltend, dass bei schwacher Vergrösserung die Finkler-Prior'schen Bacillen als gelbe bis gelbbraune Scheiben, die Dencke'schen Spirillen als mehr grünlich braune Kolonien erscheinen, die sich beide durch ihre scharfen, fast kreisrunden Contouren von den Cholerakolonien unterscheiden und niemals deren granulirtes, wie durch eine Zusammensetzung aus Glasbröckchen bedingtes Aussehen gewinnen. Weiterhin tritt dann die Tendenz zu einer ausgedehnteren Verflüssigung der Gelatine hervor, wodurch leicht ein frühzeitiges Zerfliessen der Platten verursacht wird.

In Stichkulturen kommt es unter gleichen Bedingungen bei den Finkler-Prior'schen und den Dencke'schen Mikroorganismen nicht zur Bildung eines so schlanken Trichters mit zierlicher darüber schwebender Luftblase wie bei den Cholerabacillen, sondern durch ihre rapidere und mehr in die Breite gehende Verflüssigung wird mehr eine als „sackartig" oder „hosenbeinförmig" zu bezeichnende Form zu Stande gebracht (s. Tafel I, Fig. 2 und 4). Die Finkler-Prior'schen Bacillen entwickeln überdies, wie schon erwähnt, in ihren Gelatinekulturen einen widerlichen Gestank.

Miller[1]) hat aus der Mundhöhle einen Kommabacillus ge-

---

[1]) Deutsche med. Wochenschr. 1885, No. 9.

züchtet, welcher in der Art seines Wachsthums auf verschiedenen Nährmedien den Finkler-Prior'schen Bacillen ähnlich sich verhält, ohne jedoch ganz so schnell wie diese die Gelatine zu verflüssigen. Ausserdem findet man kommaförmige krumme Bakterien manchmal im Speichel, in faulenden Eiweisssubstanzen, in stagnirenden verunreinigten Wasserläufen. Von einer Verwechselung mit Cholerabacillen kann bei diesen Formen keine Rede sein, da sie theils in Nährgelatine oder anderen üblichen Nährmedien überhaupt nicht wachsen, theils andersartige, bezw. nichtverflüssigende Kolonien bilden.

### Die chemische Differenzialreaction der Cholerakulturen.

In allerneuester Zeit ist eine den Cholerakulturen eigenthümliche chemische Reaction in Warschau von Bujwid [1]) aufgefunden worden. Wenn man zu einer 10 Stunden alten Kultur von Cholerabacillen in peptonhaltiger Bouillon eine geringe Menge (5—10 pCt.) Schwefel-, Salz- oder Salpetersäure hinzusetzt, so entsteht eine schwache rosa-violette Färbung, deren Intensität noch im Verlaufe der nächsten halben Stunde zunimmt. Die den Cholerabacillen ähnlichen Bakterienformen (Finkler-Prior'sche, Deneke'sche, Miller'sche Bacillen) geben eine solche Reaction nicht. Bei den Finkler-Prior'schen Bacillen entsteht nach etwas längerer Zeit eine mehr ins Bräunliche gehende Färbung. Diese Farbenreaction, welche übrigens in intensiver Weise an alten, gänzlich verflüssigten Gelatinekulturen hervortritt, ist eine werthvolle Bereicherung unserer differenzialdiagnostischen Kenntniss und wird unter Umständen durch ihren positiven Ausfall eine etwas frühere Diagnose der Cholera ermöglichen, wenn man unter Combination mit dem Plattenverfahren die noch ganz kleinen, nicht deutlich charakterisirten Kolonien einer 24 ständigen Gelatineplatte in peptonisirte Bouillon überträgt und letztere nach zehn Stunden der chemischen Prüfung unterwirft. Ob sich dagegen, wie Bujwid andeutet, diese chemische Reaction auch ohne vorangehendes bakteriologisches Verfahren zur direkten Prüfung von Choleramaterien mit Erfolg wird verwenden lassen, muss erst durch weitere Versuche ermittelt werden.

---

[1]) Bujwid, Eine chemische Reaction für die Cholerabakterien. Zeitschrift für Hygiene, II. Bd. S. 52.

### Pathogene und toxische Wirkungen der Cholerabacillen.

Die pathogene Wirkung der Cholerabacillen ist mit
übereinstimmendem Erfolge von Nicati und Rietsch, Koch,
Babes, van Ermengem, Flügge und Watson-Cheyne durch
Versuche an Meerschweinchen dargethan worden. Es gelang bei
diesen Thieren, unter enormer Vermehrung der Bacillen im Dünndarm, das anatomische Bild der Cholera hervorzubringen, wenn
man geringe Mengen einer Kultur entweder direct in das Duodenum oder mittelst der Schlundsonde in den vorher mit einer Alkalilösung beschickten Magen bringt. Ausserdem ist es nöthig, die bei diesen Thieren äusserst lebhafte Darmbewegung, welche den Darminhalt mit grosser Schnelligkeit durch den Dünndarm passiren
lässt, durch Opiate zu lähmen. Die Anfangs auch noch ausge-
führte Unterbindung des Gallengangs ist zu einem positiven Ausgang des Infektionsversuchs nicht erforderlich.

Es sei noch bemerkt, dass Nicati und Rietsch[1]) durch Ein-
bringen der Darmentleerungen Cholerakranker in das Duodenum
oder den Magen von Meerschweinchen ceteris paribus die gleichen
Resultate wie bei Verwendung von Kulturen erhielten.

Auch bei Hunden gelang es Nicati und Rietsch durch Einführung des Darminhaltes oder der Galle von Choleraleichen (aber
nur wenn letztere Bacillen enthielt) in den Gallengang Cholera-
erscheinungen (die anatomischen Veränderungen und Reproduction
der Bacillen) hervorzurufen. Bei Anwendung von Kulturen waren
die Resultate nicht ganz regelmässig.

Die subcutane, wie die intravenöse Verimpfung der
Cholerabacillen war nicht von Erfolg begleitet, ebenso die
gleiche Verwendung von Choleradejectionen, welche entweder
ohne Wirkung bleibt oder zu septischen Processen führen kann.

Bei Application grösserer Mengen von Kulturen oder Dejectionen können jedoch die weiter unten erwähnten toxischen Erscheinungen zu Stande kommen.

Ebenso zeigte bei Nicati und Rietsch's Versuchen Cholerablut
in die Venen eingespritzt eine ausgesprochen toxische Wirkung.

Uebrigens ist auch die pathogene Wirkung der künst-
lich gezüchteten Cholerabacillen auf den Menschen

---

[1]) Recherches sur le choléra. Revue de méd. 1885. Nr. 6.

in überzeugender Weise dargethan durch einen gelegentlich
der Choleracurse im Kaiserlichen Gesundheitsamte vorgekommenen
Fall, der von Koch auf der zweiten Choleraconferenz [1]) angeführt
wurde. Einer der Theilnehmer jener Curse erkrankte unter örtlichen
und zeitlichen Verhältnissen, bei denen jede andere Möglichkeit
einer Infektion als durch das Manipuliren mit Cholerabacillen ausgeschlossen war, an einem typischen Choleraanfalle. In den Reiswasserstühlen waren Cholerabacillen in grosser Menge vorhanden,
welche fortgezüchtet wurden und sich in Nichts von den aus anderen Quellen (Paris, Toulon) stammenden Bacillen unterschieden.

Hierher gehört auch die im VII. Bericht der deutschen
Choleracommission mitgetheilte Beobachtung, welche zugleich den
bisher noch vereinzelt dastehenden Nachweis der Cholerabacillen
im ektogenen Zustande bietet. In Saheb Bagan, welches zu einer
Vorstadt Kalkuttas gehört, wurden von Koch die Cholerabacillen
in dem Wasser eines Tanks aufgefunden, welcher durch die
Wäsche eines Cholerakranken verunreinigt war. Während nun
sonst in der weiteren Umgebung keine Cholerafälle vorgekommen
waren, erkrankte ein grosser Theil der Anwohner, welche das
Wasser des Tanks zum Genuss und Hausgebrauch benutzten.

In gleicher Weise sind als Experiment am lebenden Menschen
die zahlreichen aus den verschiedensten Epidemien berichteten
Fälle zu erachten, wo durch beschmutzte Wäsche eine Infection vermittelt wurde, wie auch die obenerwähnte von Macuamara mitgetheilte Beobachtung.

Die toxische Wirkung der von den Cholerabacillen her-
vorgebrachten Stoffwechselprodukte darf als die Hauptursache der
Allgemeinerscheinungen aufgefasst werden, welche die ihrem Sitze
nach auf den Darm beschränkten Bacillen an dem von der Cholera befallenen menschlichen oder thierischen Organismus hervor-
bringen.

Dieselbe Giftigkeit wohnt auch den künstlichen Züchtungen
der Cholerabacillen inne. Es gelingt durch Einspritzung relativ
unbedeutender Mengen einer Kultur in die Bauchhöhle oder unter
die Haut in wenigen Stunden den vollen Symptomencomplex hervorzurufen, der bei cholerakranken Thieren erst 1—2 Tage nach
der Infection zu Stande kommt.[2])

---

[1]) II. Chol. Conf., Sep.-Abdr. S. 7.
[2]) Ibidem S. 6.

Dass es sich um eine von der Gegenwart der Bacillen un-
abhängige rein chemische, toxische Wirkung handelt, ergab sich
aus den Versuchen von Nicati und Rietsch[1]) und von van
Ermengem[2]), von welchen der letztere die Cholerabacillen in
den Kulturen durch Erwärmen tödtete und dann durch Injection
kleiner Mengen derselben (4 ccm.) in das Duodenum schon binnen
einer Stunde den Tod der Versuchsthiere unter den Erscheinungen
des schwersten algiden Stadiums zu Stande brachte.

Statt durch Vernichtung der Bacillen mittelst Erhitzens kann
man sich auch eine keimfreie toxische Lösung mittelst Filtration
der Kulturen durch ein Thonfilter verschaffen. Diese Erfahrung
spricht gegen die Anschauung Cantani's[3]), welcher die Cholerabacillen den giftigen Schwämmen gleichstellt und die den Kulturen innewohnende Giftigkeit nicht auf ein durch vegetative
Wirkung der Bacillen entstandenes Product, sondern auf eine den
Bacillen selbst eigene giftige Beschaffenheit zurückführen will.
Von Cantani's Standpunkt aus müsste man dann die Giftigkeit
der keimfrei gemachten Kulturflüssigkeiten durch eine stattgehabte
Auflösung der schon abgestorbenen Bacillen erklären. Uebrigens
scheinen die von Cantani selbst mitgetheilten Experimente, auf
welche er seine Anschauung stützt, gerade gegen die Ansicht des
Autors zu sprechen, indem die bei seinen Versuchen zu Tage ge-
tretene verschiedene Giftigkeit der peptonhaltigen und der pepton-
freien Bacillenkulturen dazu drängt, die toxischen Eigenschaften
den aus der gegebenen Nährflüssigkeit erzeugten Umsetzungspro-
ducten zuzuschreiben.

Die Resultate, welche bei den Thierexperimenten mit künstlichen Kulturen erhalten wurden, zeigen zum Theil hinsichtlich
der toxischen Wirkung eine auffallende Uebereinstimmung mit den
oben beschriebenen älteren, wie auch neueren Erfahrungen, die bei
Verwendung von Choleradejectionen oder Material von Choleraleichen gewonnen worden waren.

Von verschiedenen Seiten hat man das wirksame giftige
Princip zu isoliren und rein darzustellen sich bemüht.

[1]) Comptes rend. Bd. 99, S. 928.
[2]) van Ermengem, Recherches sur le microbe du choléra asiatique.
Paris und Bruxelles 1885, S. 366.
[3]) Cantani, Giftigkeit der Cholerabacillen. Deutsche med. Woch. 1886.
Nr. 45.

Nachdem Pouchet[1]) in der zweiten Hälfte des Jahres 1884 aus Choleradejectionen durch Ausziehen mit Chloroform ein toxisches Alkaloid gewonnen hatte, welches Frösche schnell tödtete, wurde von Villiers[2]) aus Choleralcichen nach Stas' Methode ein Ptomaïn erhalten, das in reichlicher Menge in den Därmen, in deutlichen Spuren in den Nieren nachweisbar war, im Herzblut und in der Leber fast völlig fehlte.

Weiterhin gelang es Pouchet[3]) aus Cholerakulturen (Bouillonkulturen) in winziger Menge ein Alkaloid zu gewinnen, für das er eine Identität mit dem früher aus Choleradejectionen hergestellten Körper behauptete. Diese Identität darf nunmehr nach den von Nicati und Rietsch[4]) mit reichlicherem Material angestellten Untersuchungen auf Grund der übereinstimmenden, bei Prüfung der chemischen Reactionen, wie der physiologischen Wirkungen erhaltenen Resultate als erwiesen erachtet werden.

Speciellere Untersuchungen über die Beschaffenheit der Ausscheidungs- und Umsetzungsproducte der Cholerabacillen wurden auch von Bitter[5]) ausgeführt. Derselbe fand, dass die eiweissverflüssigende peptonisirende Wirkung, die auf einem von den Bacillen gebildeten Ferment, einer „Contactsubstanz", beruht, der Flüssigkeit auch nach dem Abtödten der Bacillen durch Erhitzen deutlich erhalten blieb; ausserdem werde von den Bacillen noch ein zweites, diastatisches Ferment erzeugt, wie aus der Säurebildung hervorgeht, die in Nährgelatine mit Stärkekleisterzusatz zu Stande kommt.

## Verhalten der Cholerabacillen in der natürlichen und künstlichen Umgebung des Menschen.

Nachdem das morphologische Verhalten der Cholerabacillen, ihre diagnostische Verwerthung, ihre pathogene wie toxische Wirksamkeit in ihren Hauptzügen dargelegt sind, erscheint es von besonderer Wichtigkeit, ihre weiteren biologischen Eigenschaften zu prüfen, namentlich in Bezug auf die Bedingungen, unter

---

[1]) Comptes rend. Bd. 99, S. 847 u. Bd. 100, S. 220.
[2]) Comptes rend. Bd. 100, S. 91.
[3]) Comptes rend. Bd. 101, S. 510.
[4]) Recherches sur le choléra, Paris. S. 85—99. 1886,
[5]) Bitter, Ueber die Fermentausscheidung des Koch'schen Vibrio der Cholera asiatica. Arch. für Hygiene V. Bd. 3. Heft. S. 241—264.

denen sie ausserhalb des erkrankten Körpers und ausserhalb künst-
licher Kulturen existiren können, wie in Bezug auf die Bedingungen, durch welche ihre Lebensfähigkeit vernichtet wird.  Es
dürften aus einer solchen Betrachtung werthvolle Anhaltspunkte
für eine Erklärung des Zustandekommens der Einzelinfection wie
der Epidemien und eine sichere Grundlage für eine zielbewusste
und wirksame Prophylaxe der Krankheit gewonnen werden.

1.  Bedingungen und Medien, welche eine ektogene
Existenz, bezw. eine Vermehrung der Cholerabacillen
gestatten.

Die Cholerabacillen gedeihen, d. h. vermehren sich üppig,
wie schon erwähnt, in Fleischwasser-Pepton-Gelatine, auf Kartoffeln, auf Agar-Agar, in Blutserum, in neutraler oder leicht alkalischer Bouillon, ferner auf feuchter Wäsche und feuchter Erde
(Koch).  Sie wurden von Babes[1] mit Erfolg auf frischem
Fleisch, gekochten Eiern, Mohrrüben, Kohl, angefeuchtetem Brot
und Hülsenfrüchten bei 36° C. kultivirt.  Diese Nahrungsmittel
„waren nach Möglichkeit sterilisirt, unsterilisirte Nährsubstrate
gaben keine sicheren Resultate.“  Im Allgemeinen hört unter
16° C ein merkliches Wachsthum der Bacillen auf, ohne dass
dieselben dabei ihre Lebens- und Vermehrungsfähigkeit einbüssten,
welche ihnen sogar noch nach längerem Eingefrorensein erhalten
bleiben.

Sie halten sich nach Babes 48 Stunden lang lebensfähig, aber
ohne erkennbare Kolonien zu bilden auf Koth, Käse, frischem
Gemüse, rohen Kartoffeln, Fruchtsäften, Zuckerwasser, Chokolade,
Kaffee.  Nach 24 Stunden konnte keine Kultur mehr erzielt wer-
den aus Impfstrichen auf sauren Früchten, sauren Gemüsen, Senf,
Zwiebel, Knoblauch, Bier, Wein, destillirtem Wasser.

Von ganz besonderem Interesse ist nun das Verhalten der
Cholerabacillen im Wasser, eine Frage, welcher von Wolff-
hügel und Riedel[2] eine eingehende experimentelle Prüfung zu
Theil geworden ist.

---

[1] Babes, Untersuchungen über Koch's Kommabacillus.  Virchow's
Archiv Bd. 99, S. 152.
[2] Wolffhügel und Riedel, Die Vermehrung der Bakterien im
Wasser. Arbeiten aus dem Kaiserlichen Gesundheitsamte. Bd. I, S 468..
Berlin 1886.

Babes hatte die Cholerabacillen noch nach 7 Tagen im Seinewasser und im Berliner Leitungswasser in lebensfähigem Zustande nachweisen können. Nicati und Rietsch[1]) fanden sie

im Hafenwasser     noch nach 81 Tagen
im Meerwasser     -  - 64 -
im Kanalwasser     -  - 38 -
im Bilgewasser     -  - 32 -
in destillirtem Wasser -  - 20  - .

Der Versuch mit dem Bilgewasser ist abgebrochen und nicht bis zu Ende geführt worden. Trinkwasserproben wurden nicht zum Versuche herangezogen.

Aehnlich sind die Resultate, welche Ringeling[2]) bei der Prüfung des Verhaltens pathogener Spaltpilze im sterilisirten Bilgewasser erhalten hat. In letzterem waren die Cholerabacillen noch nach 21 bezw. 37 Tagen in entwicklungsfähigem Zustande vorhanden.

Während die genannten Forscher sich mit dem blossen Nachweis von lebensfähigen, noch in den Wässern enthaltenen Cholerakeimen begnügt hatten, wurde von Wolffhügel und Riedel das quantitative Verhalten der ins Wasser eingesäeten Cholerabacillen durch ziffermässige, mittelst der bekannten Plattenmethode erhaltene Angaben klar zu stellen versucht. Es wurden bei unseren Versuchen neben einander Proben eines stark verunreinigten Flusswassers (Panke), eines weniger verunreinigten Flusswassers (Spree), eines Brunnenwassers und Berliner Leitungswassers in Anwendung gezogen. In diese sterilisirten Wasserproben wurden Cholerabacillen, unter thunlichster Vermeidung eines Mitübertragens von Nährmaterial, eingesäet, und dann durch eine sofortige, sodann täglich, später in grösseren Intervallen erfolgende Entnahme einer bestimmten Menge des inficirten Wasser mittelst der Plattenkultur die Anzahl der vorhandenen Cholerakeime festgestellt. Es zeigte sich in sämmtlichen Wasserproben in den ersten Tagen eine Verminderung der eingesäeten Bacillen, am stärksten in den reineren Wasserproben ausgesprochen, dann erfolgte in allen Fällen eine enorme Vermehrung, die in ungefähr 8 Tagen ihr Maximum erreichte. Weiter-

---

[1]) Nicati und Rietsch, Expériences sur la vitalité du bacille-virgule cholérigène. Rev. de méd. 1885. S. 365.

[2]) Ringeling, Bijdrage tot de kennis van het ruimwater von schepen. Dissertation, Amsterdam 1886.

hin fand zwar eine geringe Abnahme statt, doch waren die Cholerakeime noch 9 Monate lang als ein Vielfaches der Einsaat,
theils als Reinkultur, theils neben Verunreinigungen, die sich in-
zwischen eingeschlichen, in den Wasserproben nachweisbar. In
einem Theil der Wasserproben wurden sie, wie hier zu den früheren
Mittheilungen der Ergebnisse nachgetragen werden darf, noch
nach mehr als Jahresfrist in lebens- und vermehrungsfähigem
Zustande aufgefunden. Hieraus geht hervor, dass selbst ein
Wasser, welches der chemischen Analyse zufolge als
Trinkwasser nicht zu beanstanden ist, seiner Zusammensetzung nach dennoch befähigt sein kann, den Cholerabacillen als ein geeigneter Nährboden zu dienen.

Uebereinstimmende Resultate scheint Pfeiffer [1]) erhalten zu
haben, welcher ohne genauere Angaben über die Anordnung
seiner Versuche mittheilt, dass er Cholerabacillen, die ohne Mit-
übertragung von Nährmaterial in sterilisirtes Brunnenwasser verpflanzt worden waren, noch nach mehr als 7 Monaten lebensfähig
vorgefunden habe.

Die Untersuchungen von Meade Bolton [2]) können zu einer
Entscheidung der Frage über das Verhalten der Cholerabacillen
im Trink- und Nutzwasser nicht verwerthet werden, da derselbe nicht natürliche Wässer (Fluss- oder Grundwasser) sondern
ausschliesslich reines destillirtes Wasser oder destillirtes Wasser
mit einem geringen Zusatz von Bouillon hinsichtlich ihrer Befähi-
gung Cholerabacillen als Nährboden zu dienen, geprüft hat.

In Wasserproben dagegen, welche nicht sterilisirt waren,
wurden in den diesseitigen Versuchen der Regel nach die
Cholerabacillen in einigen Tagen von anderen im Wasser befindlichen und darin heimischen Mikroorganismen überwuchert und
völlig oder fast völlig verdrängt. Dies erscheint nicht befremd-
lich, wenn man erwägt, dass sie auch im sterilisirten, keimfrei
gemachten Wasser anfangs eine Verminderung, manchmal fast bis
zum völligen Verschwinden, zeigten; sie brauchen, wie ersichtlich,
eine gewisse Zeit, um sich an das zunächst fremdartige Medium
zu gewöhnen und können während dieser Periode leicht in der

---

[1]) Pfeiffer, Die Beziehungen der Bodencapillarität zum Transport
von Bakterien. Zeitschr. für Hygiene, 1. S. 398.
[2]) Meade Bolton, Ueber das Verhalten verschiedener Bakterienarten im Trinkwasser. Zeitschr. für Hygiene I, S. 77.

Concurrenz gegen die im Wasser heimischen Arten unterliegen. Wie aus weiteren Versuchen hervorging, zeigen die bereits an das Wasser gewöhnten Cholerabacillen eine grössere Widerstandsfähigkeit, indem sie sowohl nach ihrer Einsaat in sterilisirtes Wasser schon vom ersten Tage ab eine progressive Vermehrung aufweisen, wie auch im nicht sterilisirten Wasser weniger schnell von anderen Bakterienarten verdrängt werden.

Auf die natürlichen Verhältnisse dürfen die mit nicht sterilisirtem Wasser gewonnenen Resultate nicht ohne Weiteres übertragen werden, da es sich bei stagnirenden Wässern niemals um eine so gleichmässige Durchmischung der verschiedenen Bakterienarten handelt, wie sie bei Laboratoriumsversuchen im umgeschüttelten Glaskolben statt hat, vielmehr, wie Koch[1]) andeutet, die Möglichkeit gegeben ist, dass neben einander ansiedlungsweise locale Reinkulturen der verschiedenen, auch der weniger widerstandsfähigen Species vorkommen.

Es erscheint demnach die Möglichkeit nicht ausgeschlossen, dass Cholerabacillen, welche auf irgend eine Weise in stagnirendes Wasser gelangen, unter Umständen (Temperatur von 16° C und darüber) Gelegenheit gegeben sei, sich an das Wasser zu gewöhnen, in demselben festen Fuss zu fassen und mehr oder weniger Widerstandskraft gegen die in Betracht kommenden concurrirenden Bakterienarten zu gewinnen.

Der zerstörende Einfluss, den andere (Fäulniss-) Mikroorganismen auf die Cholerabacillen ausüben können, zeigt sich auch in den von Koch[2]) mitgetheilten Beobachtungen, dass die Cholerakeime in Berliner Canaljauche nur bis zu 7 Tagen, in Kothgemengen nur bis zu 24 Stunden, in Abtrittsjauche nicht mehr nach 24 Stunden nachweisbar waren, während sie dagegen in sterilisirter Spüljauche bei den Versuchen von Frankland[3]) eine äusserst reichliche Vermehrung erkennen liessen.

Doch scheinen nach den jüngsten Mittheilungen Gruber's[4]), über dessen Arbeiten eine ausführlichere Publication noch aussteht, die Cholerabacillen auf guten Nährböden gegen manche

[1]) Chol. Confer. II. S. 11.
[2]) Chol. Confer. II. S. 6.
[3]) P. F. Frankland, On the multiplication of microorganisms. Proceedings of the Royal Society No. 245, 1886, S. 541.
[4]) Wiener med. Wochenschr. 1887, No. 7 u. 8.

Saprophyten, speciell gegen die in der Erde heimischen Mikroorganismen, eine hinlängliche Widerstandsfähigkeit und Concurrenz-
fähigkeit zu besitzen, indem sie von Gruber, vorausgesetzt dass
für genügenden Luftzutritt gesorgt war, in gewissen faulenden
Flüssigkeiten noch nach Wochen aufgefunden werden konnten.

Eine besondere Wichtigkeit ist gelegentlich der letzten Choleraconferenz der Frage beigelegt worden, ob die Cholerabacillen
Dauerformen, denen im Gegensatz zu den vegetativen Formen
eine grössere Widerstandsfähigkeit innewohnen würde, zu bilden
im Stande sind. Wie Koch dargelegt, ist es bisher nicht gelungen,
solche Dauerformen, etwa nach Art der von den ächten Bacillen
entwickelten Sporen zu beobachten, und sei deren Auffindung in
Zukunft auch nicht wahrscheinlich.

Wenn man unter Zugrundelegung der bisher bekannten biologischen Eigenschaften der Cholerabacillen berücksichtigt, dass
dieselben in Nährgelatine 7 Monate lang nach den Beobachtungen
von Guttmann und Neumann[1]), nach den diesseitigen Versuchen über Jahresfrist in verschiedenen Wasserproben, nach
Koch's Untersuchungen über zwei Jahre auf Agar lebensfähig
blieben, beziehungsweise sich fortpflanzten, dass sie andererseits
auch nicht durch Gefrieren getödtet werden, so bedarf es wohl
nicht einer Erfüllung der von v. Pettenkofer aufgestellten Forderung einer Auffindung von Dauerformen, um die im nächsten
Abschnitt zu besprechenden epidemiologischen Erfahrungen mit
einer Anerkennung der aetiologischen Bedeutung der Cholerabacillen
in Einklang zu bringen.

Hueppe[2]) hat unter gewissen Bedingungen (Erschöpfung des
Nährmaterials, Temperatur zwischen 22 und 37⁰ C) den Zerfall
der Spirillen in kugelige Körnchen beobachtet, welche den Durchmesser des Fadens nur wenig übertrafen, stark lichtbrechend
waren und von einer Gallerthülle umkleidet schienen. Dreimal
gelang es Hueppe wahrzunehmen, wie die Körnchen unter Verminderung ihres Brechungsvermögens in Stäbchen sich entwickelten, in einem Falle glückte es ihm an demselben Präparate den
Zerfall in Körnchen und das Auswachsen eines solchen zur Komma-
form und S-form zu verfolgen. Er glaubt in jenen Körnchen die

---

[1]) Berl. klin. Wochenschr. 1885, No. 49 S. 801.
[2]) Hueppe, Ueber die Dauerformen der sogenannten Kommabacillen.
Fortschr. d. Med. 1885. S. 619.

Dauerformen der Cholerabacillen in Gestalt von Arthrosporen ermittelt zu haben.   Es liegt kein Grund vor, die Richtigkeit der
Hueppe'schen Beobachtungen anzuzweifeln, dagegen bleibt es frag-
lich, ob jene unter gewissen künstlichen Bedingungen zu erzielen-
den Wuchsformen jemals unter natürlichen Verhältnissen spontan
zur Entwicklung kommen, und ferner, ob jene Formen eine grössere
Widerstandsfähigkeit nicht nur gegen das Eintrocknen, wie Hueppe
andeutet, sondern auch gegen Desinficientien besitzen[1].   Die
Widerstandsfähigkeit gegen das Eintrocknen, welche übrigens von
Gruber in Abrede gestellt wird, scheint auch nur eine graduell
verschiedene zu sein, ist vielleicht durch ein langsameres Trocken-
werden der unter den gegebenen Bedingungen auf Agar entwickelten Kolonien zu erklären.   Zäslein[2]), der im Uebrigen den
Vorgang der Arthrosporenbildung wie Hueppe beobachtet zu
haben angiebt, fand die Widerstandsfähigkeit der erhaltenen „Dauerformen" gegen Eintrocknung auf 3 Stunden und 20 Minuten beschränkt.

## 2. Die Mittel, welche die Lebensfähigkeit der Cholera-bacillen vernichten.

Wie gleich die ersten diesbezüglichen Versuche, welche Koch
nach der Entdeckung der Cholerabacillen angestellt, ergaben, besitzen dieselben im Vergleich zu anderen Mikroorganismen eine
äusserst geringe Widerstandsfähigkeit gegen das Eintrocknen.
Die Zeit, welche dazu gehört, um eine sichere Abtödtung der
Bacillen in Choleramaterien zu erzielen, variirt beim Eintrocknen
je nach der Dicke und der Consistenz der Schicht von wenigen
Stunden bis zu einigen Tagen.

Während die Kälte, wie schon erwähnt, nicht im Stande ist,
die Cholerabacillen zu vernichten, ist die Anwendung von
Hitzegraden, welche noch beträchtlich unter dem Siedepunkt
liegen, wohl dazu geeignet.

---

[1]) Es sei noch bemerkt, dass Finkler und Prior (l. e. S. 397—402),
im Gegensatz zu den Resultaten anderer Forscher, die im Bodensatz von
alten Cholerakulturen befindlichen körnigen Massen als Sporen ansprechen
und experimentell erhärtet haben wollen.

[2]) Tageblatt der 59. Versammlung deutscher Naturforscher u. Aerzte
zu Berlin 1886. S. 206.

Nach Cornil und Babes[1]) werden Cholerakulturen bei langsamer Erwärmung schon bei 65⁰ C, bei schneller Erwärmung bei
75⁰ C. steril, während, wie sich aus dem veränderten Wachsthum
erschliessen lässt, schon bei 50⁰ C ein grosser Theil der Bacillen
abgestorben ist.

Forster[2]) hat bei seinen Versuchen über den Einfluss des
Pasteurisirens auf die Bakterien gefunden, dass die Cholerabacillen
in schwach alkalischer Bouillon binnen weniger Secunden durch
eine auf 56⁰ C erhöhte Temperatursteigerung und unmittelbar
darauf erfolgende Abkühlung getödtet werden. Ein Pasteurisiren
mit 54⁰ C oder weniger blieb dagegen erfolglos.

Unter den chemisch wirksamen Mitteln, welche eine
Vermehrung der Cholerabacillen verhindern oder ihre Lebensfähigkeit gänzlich vernichten, sind zu nennen:

1. Eine durch organische oder mineralische Säuren bedingte
saure Reaction des Nährbodens (ausgenommen ist die sauer rea-
girende Schnittfläche der gekochten Kartoffel). Auch die Kohlensäure zeigt deutlich eine giftige Wirkung auf die Cholerabacillen.
Letztere gingen bei Hochstetters[3]) Versuchen im künstlichen
Selterwasser nach längstens drei Stunden zu Grunde. In Bouillonkulturen wurden sie mittelst Durchleitung von Kohlensäure erst
nach einer Reihe von Tagen abgetödtet.

2. Eine Entwicklungshemmung wird ferner herbeigeführt
(Koch)[4]) durch

| | | |
|---|---|---|
| Alaun . . . . 1 : | 100 |
| Kampher . . 1 : | 300 |
| Carbolsäure . 1 : | 400 |
| Pfefferminzöl 1 : | 2 000 |
| Kupfersulfat . 1 : | 2 500 |
| Chinin . . . . 1 : | 5 000 |
| Sublimat . . . 1 : | 100 000. |

[1]) Cornil u. Babes, Les Bactéries et leur rôle dans l'anatomie et
l'histologie pathologiques des maladies infectieuses. Paris 1885. S. 478.

[2]) Over het „pasteuriseeren" van bacterien.

[3]) Hochstetter, Ueber Mikroorganismen im Selterwasser etc. Arbeiten aus dem Kaiserlichen Gesundheitsamte Bd. II, S. 15 u. 22.

[4]) I. Chol. Conferenz S. 5.

Nach Cornil und Babes[1]) entwickeln sich die Cholerabacillen nicht in einer Gelatine, welche enthält

| | | | |
|---|---|---|---|
| Alkohol | . . . 1 : | | 15 |
| Brom, Jod | . 1 : | | 600 |
| Chininsulfat | . 1 : | | 800 |
| Salicylsäure | . 1 : | | 800—900 |
| Carbolsäure | . 1 : | | 1 000 |
| Essigsäure | . . 1 : | | 2 000 |
| Thymol | . . . 1 : | 9 000—10 000 | |
| Sublimat | . . 1 : | | 20 000 |
| Kupfersulfat | . 1 : | 3 000—5 000. | |

3. Zu einer vollständigen Desinfection, d. h. einer gänzlichen Abtödtung der Cholerabacillen, sind die vorgenannten entwicklungshemmenden Mittel geeignet, wenn sie in etwas stärkeren Lösungen, als den angeführten, angewandt werden. Es tritt nach van Ermengem's[2]) Versuchen ein Absterben der Cholerabacillen in einer concentrirten Hühnerbouillon binnen einer halben Stunde ein, wenn man zu der genannten Flüssigkeit hinzufügt

| | | | |
|---|---|---|---|
| Sublimat | . . . . . . . . | 1 : | 60 000 |
| concentrirte Salzsäure | . . . . | 1 : | 2 000 |
| concentrirte (66°) Schwefelsäure | | 1 : | 1 500 |
| Kupfersulfat | . . . . . . . . | 1 : | 600 |
| Carbolsäure | . . . . . . . . | 1 : | 600 |
| Chlorzink | . . . . . . . . . | 1 : | 500 |
| gesättigte Thymollösung | . . . | 1 : | 400 |
| „ Borsäurelösung | . . | 1 : | 300 |
| „ Salicylsäurelösung | . | 1 : | 300 |
| Zinksulfat | . . . . . . . . | 1 : | 300 |
| Eisessig | . . . . . . . . | 1 : | 200 |
| Citronensäure | . . . . . . | 1 : | 100 |
| Weinsäure | . . . . . . . . | 1 : | 100 |
| Opium | . . . . . . . . . | 1 : | 100 |
| Aether | . . . . . . . . . | 1 : | 40 |
| Chloroform | . . . . . . . | 1 : | 40 |
| Eisensulfat | . . . . . . . | 1 : | 40 |

---

[1]) l. c. S. 479.
[2]) van Ermengem, Recherches sur le microbe du choléra asiatique. Paris et Bruxelles 1885, S. 43.

absoluten Alkohol . . . . . 1 : 10
Wein (von 4—6 % Alkoholgeh.) 1 : 4
saures Bier . . . . . . . . 1 : 1

Für die Desinfectionspraxis jedoch verdient, wie Koch[1]) in
der zweiten Choleraconferenz hervorhob, die Carbolsäure, welche
in halbprocentiger Lösung ein sicheres Desinficiens zur Tödtung
der Cholerabacillen in Flüssigkeiten darstellt, den Vorzug vor den
anderen in Betracht kommenden Mitteln, namentlich den Metall-
salzen (Sublimat, Eisensulfat, Kupfersulfat), weil sie, wie es scheint,
nicht wie diese durch Bestandtheile der Nährflüssigkeiten, bezw.
der zu desinficirenden organischen Gemische theilweise ausgefällt
und unwirksam gemacht wird.

Die Sauerstoffentziehung übt zwar einen entwicklungshemmenden Einfluss auf die Cholerakeime aus, der sich an dem ver-
zögerten Wachsthum erkennen lässt. Ein Abtödten der Cholerabacillen durch die Entziehung von Sauerstoff ist jedoch nicht zu
erzielen, vielmehr bleiben dieselben, wie Liborius[2]) nachgewiesen
hat, sowohl bei Luftabschluss unter Oel, wie auch in einer in-
differenten Gasart (Wasserstoff) nicht nur lebensfähig, sondern
zeigen sogar unter den genannten Bedingungen ein wenn auch
kümmerliches Wachsthum.

## Die Emmerich'schen Neapeler Bacillen.

Am Schlusse dieses Abschnittes sei noch anhangsweise der
„Neapeler Bacillen" gedacht, einer Bakterienart, die Emmerich[3])
im Jahre 1884 und 1885 als einen constanten Befund bei Cholera
nachgewiesen haben und denen er die ätiologische Bedeutung
specifischer Krankheitserreger beimessen will, während er den
Koch'schen Cholerabacillen, deren Vorhandensein im Cholera-
darm er nicht in Abrede stellen kann, nur einen accidentellen
Charakter zuerkennt.

Ohne hier weiter auf eine ausführlichere Beschreibung der

---

[1]) 11. Chol. Conf. S. 7.
[2]) Liborius, Beiträge zur Kenntniss des Sauerstoffbedürfnisses der
Bakterien. Zeitschrift für Hygiene 1. Bd. S. 171.
[3]) Emmerich, Untersuchungen über die Pilze der Chol. asiatica, Arch.
f. Hyg. 1885. 111. Bd. 3. u. 4 Heft, p. 1—40. — Verhandl. über Cholera
im ärztl. Verein zu München 1884/85. München 1885. S. 81—83.

morphologischen und biologischen Eigenschaften der Emmerich'-schen Bakterien einzugehen, sei nur kurz Folgendes bemerkt.

1. Die Experimente, welche nach Emmerich's Ansicht den Nachweis der Bacillen im Blute von Cholerakranken liefern, haben nur zum Theil einen positiven Erfolg aufzuweisen, sind aber vor Allem in ihrer bakteriologischen Technik als nicht einwandfrei zu erachten. Es steht ihnen ausserdem der negative Befund zahlreicher anderer Forscher entgegen.

2. Die von Emmerich aus Choleraleichen gezüchteten, ausführlich beschriebenen Bakterien lassen sich nach ihrer Form und ihrem Wachsthum in den verschiedenen Nährmedien, wie hinsichtlich ihres chemischen Verhaltens nicht sicher von anderen allgemein verbreiteten (Fäulniss-)Spaltpilzen unterscheiden. Dies wird selbst von H. Buchner[1]), dem Mitbegründer und Anhänger der Emmerich'schen Lehre, hinsichtlich der Differenzirung von einem mehrfach aus Diarrhöen gezüchteten Bacillus eingeräumt, während Weisser[2]) in den menschlichen Faeces, normalen wie abnormalen, in der Luft und in faulenden Flüssigkeiten identische Bakterien nachgewiesen hat. Gruber (l. c.) hat die Emmerich'-schen Bakterien in einer grossen Zahl von Cholerafällen neben den Cholerabacillen im Darminhalt constatiren können, fand sie aber auch in den Darmentleerungen von nicht Cholerakranken.

3. Die von Emmerich bei Infektionsversuchen an Thieren erzielten choleraähnlichen Darmerscheinungen sind durchaus nicht beweisend für eine den Neapeler Bacillen etwa innewohnende specifische pathogene Wirksamkeit, da man die gleichen Krankheitserscheinungen durch Injection von Fäulnissflüssigkeiten oder von Fäulnissbacillen-Reinkulturen in die Blutbahn, wie auch durch Verfütterung solcher Materien erhalten kann.

---

[1]) Buchner, Beiträge zur Kenntniss des Neapeler Cholerabacillus und einiger demselben nahe stehenden Spaltpilze. Arch. f. Hyg. 1885. Bd. III. 3. und 4. H., S. 375.

[2]) Weisser, Ueber die Emmerich'schen sogenannten Neapeler Cholerabakterien. Zeitschrift für Hygiene. I. B., 2. H., S. 315—362.

# III. Die epidemischen Wanderzüge der Cholera.[1]

Die asiatische Cholera ist, soweit die Geschichtsquellen reichen, in diesem Jahrhundert zum ersten Male in Europa aufgetreten. Die bei Hippokrates[2]) und Celsus[3]) gegebenen Schilderungen eines typischen Choleraanfalls (Durchfälle und Erbrechen, mit Stimmlosigkeit, Muskelschmerzen, eingesunkenen Augäpfeln) dürften sich auf Cholera nostras beziehen.

Endemisch scheint die Cholera nur in einem beschränkten Gebiete, dem Delta zwischen Ganges und Bramaputra, zu sein. Nachdem sie von dort 1817 zum ersten Male nach Kalkutta gekommen, wo sie, bis dahin unbekannt, seit jener Zeit nie völlig erloschen ist, hat sie fünfmal eine grössere pandemische Verbreitung gewonnen und Europa in Mitleidenschaft gezogen.

Bei der ersten Pandemie, 1817—1823, wanderte die Seuche im Jahre 1818 den Ganges aufwärts, näherte sich 1818 der westlichen Küste, wurde nach dem auf einer Insel gelegenen Bombay verschleppt und hat dort drei Jahre lang gewüthet. Im Jahre 1819 wurde sie durch eine englische Expedition nach Maskat an der ostarabischen Küste, zugleich aber auch durch Handelsverkehr nach Bassora und später nach Bagdad verschleppt. Im Jahre 1823 drang sie durch Persien nach dem russischen Transkaukasien, nach Tiflis und Baku vor, wurde im September durch

---

[1]) Nach Koch's Vorträgen. Hirsch's Handbuch der hist. geogr. Pathologie. 2. Bearbeitung. Stuttgart 1881, I. S. 279—309. Macnamara's History of asiatic cholera. London 1876. Macpherson's Annals of cholera from the earliest periods to the year 1817. London 1884.

[2]) Hippokratis de epidemiis lib. VII, cap. XL.

[3]) Celsi med. lib. IV, cap. XI.

Schiffe nach Astrachan verpflanzt. Hier erlosch sie bereits im Oktober beim Eintritt strenger Kälte, ohne im nächsten Frühjahr wieder aufzutreten.

In der zweiten Pandemie, 1826—1837, zog sich die Seuche 1826 den Ganges hinauf, gelangte 1827 nach Afghanistan 1828 nach Chiwa und nach Persien, wurde 1829 von Chiwa durch Kirgisenhorden nach Orenburg verschleppt, wo sie im August anlangend, sich über das ganze Gouvernement verbreitete und erst im Winter des folgenden Jahres erlosch. Die Seuche hatte aber auch zugleich den alten Weg über Persien nach Tiflis genommen und war 1830 in Astrachan angelangt. Von Orenburg und Astrachan verbreitete sie sich 1831 über Russland, wurde theils auf dem Seeweg nach Danzig, theils während des russisch-polnischen Krieges durch Ueberläufer auf preussisches Gebiet verpflanzt und zeigte sich 1831 zum ersten Male in Berlin, in demselben Jahre auch in Hamburg und Stettin. Von Russland war auch nach Oesterreich hin 1831 eine Einschleppung über die podolische Grenze erfolgt. Von Hamburg und von Riga aus wurde die Cholera nach England, durch irische Auswanderer 1832 nach Nordamerika verschleppt, das sie im nächsten Jahre in grosser Ausdehnung überzog. In Europa herrschte die Seuche noch in grosser Verbreitung bis zum Jahre 1837.

Für die dritte Pandemie, 1846—1861, hatte man früher allgemein angenommen, dass die Seuche ihren alten Weg von Indien nach Persien eingeschlagen. Macnamara dagegen (l. c. S. 141) ist der Ansicht, dass sie auf einem Umwege dorthin gelangt sei, indem sie von einem 1841 in Indien stattgehabten grösseren Ausbruche durch englische Truppen nach China verschleppt worden sei und daselbst 1843 eine grosse Ausdehnung gewonnen habe. Im Jahre 1845 sei sie von China nach Persien gebracht, wo 1846 eine schwere Epidemie herrschte. Sie überzog die Küsten von Arabien, kam 1847 aus kaspische Meer. Von hier aus wurde die europäische Türkei, das europäische Russland und Sibirien inficirt. Von Russland kam die Cholera 1848 im Anfang des Sommers nach Deutschland, wo sie zuerst in den Provinzen Pommern, Sachsen und Brandenburg, später in Hamburg, Bremen, Hannover und Braunschweig, im Herbste in Posen, Ost- und Westpreussen und Schlesien auftretend, in den nächsten Jahren in grosser Ausdehnung herrschte.

England und Schottland wurden im Jahre 1848 von der Seuche heimgesucht, die durch ein Schiff von Hamburg nach Hull übertragen worden war.

Gleichzeitig hatten die Niederlande und Belgien, im nächsten Jahre besonders Oesterreich und Frankreich zu leiden.

Durch Auswandererschiffe war die Cholera 1848 von Havre nach New-York und New-Orleans gelangt, von welchen Orten aus sie sich weiter verbreitete.

Im Jahre 1852 erlangte die Cholera in Europa und Asien wieder eine grössere Intensität. Sie hielt sich in Russland mehr oder weniger verbreitet bis zum Jahre 1862. Die norddeutsche Tiefebene hatte besonders in den Jahren 1853, 1855 und 1859 an einzelnen Punkten schwere Epidemien aufzuweisen. 1853 hatten auch die skandinavischen Länder, Schweden, Norwegen, Dänemark ihre erste schwere Epidemie. Im Jahre 1854 wurde die Seuche aus Frankreich, wo sie 1853 geherrscht, nach Italien eingeschleppt.

Die vierte Pandemie, 1863—1875, begann mit einer schweren Epidemie im Gangesgebiete im Jahre 1863; im nächsten Jahre gelangte die Seuche von Bombay aus nach der arabischen Küste, wurde im Jahre 1865 durch Pilger nach Mekka verschleppt, woselbst im April von 100 000 Pilgern 30 000 der Seuche erlegen sein sollen. Durch die nach allen Seiten aus einander stiebenden Flüchtlinge wurde die Krankheit nach Suez und Aegypten, und von dort in kurzer Zeit durch den Schiffsverkehr nach den verschiedensten Küstenbezirken des Mittelmeeres, nach Constantinopel, Malta, Ancona, Marseille und Valencia gebracht. Von den genannten Küstenstädten verbreitete sich die Seuche über die Türkei, von welcher aus Russland inficirt wurde, über Italien, woselbst die Seuche überwinterte und erst im März 1866 erlosch, über Südfrankreich, an welches sich im Jahre 1866 der nördliche Theil Frankreichs anschloss, und über Spanien, welches mit Ausnahme weniger Districte völlig inficirt wurde, während in Portugal nur an vereinzelten Orten einige Fälle vorkamen.

Die nicht erwähnten Staaten Europas blieben 1865 verschont oder hatten nur in sehr geringem Maasse zu leiden. In Deutschland hatte 1865 nur an einem Punkte, in Altenburg, eine seitdem vielfach erwähnte Einschleppung von Odessa aus statt gefunden und zu einer ganz beschränkt bleibenden kleinen Epidemie Veranlassung gegeben.

Dagegen hatte 1866 Deutschland und Oesterreich in grosser Ausdehnung zu leiden, wobei durch die Kriegsereignisse die Verbreitung der Krankheit wesentlich begünstigt wurde. Speciell in den Rheinlanden überdauerte die Seuche den Winter und war noch 1867 ziemlich heftig.

Nachdem in Grossbritannien 1865 namentlich in Southampton Choleraerkrankungen vorgekommen, für welche sich eine Einschleppung aus Alexandrien nachweisen liess, führte im Jahre 1866 eine in Liverpool stattgefundene, aus Rotterdam herstammende Einführung der Seuche zu ausgedehnter Verbreitung.

Im Jahre 1866 wurden auch Belgien, die Niederlande und Schweden epidemisch ergriffen. In der Schweiz kamen 1867 vereinzelte Erkrankungen vor.

Auf der westlichen Hemisphäre hatten 1865 in Guadeloupe, 1866 auf den Antillen Einschleppungen stattgehabt, in den nächsten Jahren wurden Nord- und Südamerika, dabei auch zum ersten Male die Westküste Südamerikas (mit Ausnahme von Chile) befallen.

In den Jahren 1869 und 1870 trat überall ein Stillstand der Seuche ein, welche nur auf russischem Gebiete fortdauerte. Für dieses nimmt übrigens Macnamara (l. c. S. 359) eine neue Einschleppung aus Persien an.

Von Russland kam die Cholera 1871 einerseits nach Galizien, Ungarn, Böhmen und Mähren, andererseits durch polnische Flösser nach Preussen.

In den beiden folgenden Jahren herrschte sie in den Ländern der oesterreichischen Monarchie, wie in Deutschland, wobei noch besonders erwähnt werden mag, dass sie, sonst mit dem Eintritt der kalten Jahreszeit erlöschend, in Bayern und Oberschlesien den Winter 1873/74 überdauerte.

In Amerika hatte die durch das Auswandererschiff „Franklin" in Halifax 1871 stattgehabte Einführung der Krankheit keine Weiterverbreitung veranlasst, dagegen entwickelte sich 1873 von einer Einschleppung in New-Orleans aus eine fortschreitende Epidemie, die namentlich das Stromgebiet des Mississippi in Mitleidenschaft zog.

Als ein isolirtes Auftreten im Jahre 1875 ist eine Choleraepidemie in Syrien zu nennen, während in den Jahren 1877—1879 in Japan eine schwere Epidemie statt hatte.

Die fünfte Pandemie, 1883 beginnend, wurde mit einem heftigen Ausbruch der Seuche in Aegypten eröffnet, dessen Entstehungsgeschichte nicht genau festgestellt worden ist.

Im Jahre 1884 erschien die Cholera plötzlich in Toulon. Ob sie von Aegypten her oder vielleicht durch französische Kriegsschiffe aus Tonkin eingeschleppt worden, ist nicht aufgeklärt. Die von Toulon nach Marseille verbreitete Seuche wurde durch italienische Arbeiter nach Neapel verschleppt und erreichte in diesem und dem nächsten Jahre in Italien eine grosse Verbreitung. In Spanien vermochte die Seuche 1884 nicht in grösserer Ausdehnung Boden zu fassen, herrschte aber im Jahre 1885 als mörderische Epidemie. In der ersten Hälfte des Jahres 1886 kamen Choleraerkrankungen in Spanien und Frankreich nur noch in einigen Küstenbezirken vor. In Italien dagegen erlangte die Seuche wieder eine grosse Verbreitung. Sie erreichte von dort Triest, von wo aus wahrscheinlich ihre Einschleppung nach Ungarn erfolgte. Deutschland blieb im Jahre 1886 noch verschont, da sowohl ein einzelner nach Breslau[1]) zugereister Fall, wie auch eine kleine Epidemie mit 14 Todesfällen in der Nachbarschaft von Mainz[2]) bisher kein weiteres Umsichgreifen der Seuche zur Folge hatten.

Auf der westlichen Hemisphäre, in Südamerika, hat die Cholera, anscheinend durch einen italienischen Dampfer aus Genua eingeschleppt, festen Fuss gefasst und in Argentinien eine schwere epidemische Verbreitung erlangt.

## Schlussfolgerungen aus dem epidemiologischen Verhalten der Cholera.

**a)** aus dem Verhalten und dem Fortschreiten der Seuche im Grossen:

1. Die Cholera ist endemisch in einem bestimmten Theile Indiens.

---

[1]) Buchwald, Der erste Cholerafall in Breslau im Jahre 1886. Bresl. ärztl. Zeitschr. 1886, No. 22.

[2]) Gaffky, Die Cholerafälle in Gonsenheim und Finthen im Jahre 1886. Arbeiten aus dem Kaiserl. Gesundheitsamte, Bd. II, 1. Heft. Berlin 1887.

2. Sie kann eine pandemische Verbreitung gewinnen, deren geographische Ausdehnung unter den andern Infectionskrankheiten nur von den Blattern und der Influenza erreicht wird.

3. Diese Verbreitung der Cholera erfolgt — zu Wasser oder zu Lande — stets auf dem Wege des menschlichen Verkehrs. Es ist niemals eine Epidemie oder auch nur eine Einzelerkrankung vorgekommen unter Verhältnissen, in denen eine Einschleppung mit Sicherheit auszuschliessen gewesen wäre.

4. Mit der zunehmenden Schnelligkeit des menschlichen Verkehrs hat auch die Cholera auf ihren Wanderungen ein schnelleres Tempo angenommen.

5. Zur Verschleppung der Seuche sind sowohl Menschen wie auch Effecten unter Umständen geeignet. Eine Uebertragung der Seuche durch die Luft auf weitere Entfernungen hin erscheint ausgeschlossen.

6. Für die Seuche besitzen alle Rassen und alle Lebensalter Empfänglichkeit, die Mortalität ist am grössten bei Individuen im kindlichen Lebensalter und in weit vorgeschrittenen Jahren, sowie bei decrepiden Personen.

7. Durch grosse Menschenanhäufungen, Pilgerzüge, Kriegsereignisse wird dem Auftreten und der Verbreitung der Cholera Vorschub geleistet.

8. Für das epidemische Auftreten ist die Jahreszeit von besonderer Bedeutung, insofern als in der gemässigten Zone dasselbe vorwiegend an die wärmere Jahreszeit geknüpft ist.

9. Gewisse Gegenden scheinen für eine epidemische Verbreitung der Krankheit nicht geeignet (immune Orte), andere Gegenden, z. B. manche Flussniederungen, eine besondere Empfänglichkeit zu besitzen.

**b) aus der Betrachtung der Epidemie am einzelnen Ort:**

1. Die Verbreitung der Epidemie wird begünstigt durch mangelhafte hygienische Verhältnisse, Unreinlichkeit des Einzelnen, des Haushalts, des Grund und Bodens.

2. Dementsprechend werden von der Seuche vorwiegend die social ungünstiger gestellten Klassen des Proletariats befallen.

3. Die Wäsche von Cholerakranken hat sich als besonders geeignet zur Vermittelung der Krankheitsübertragung erwiesen.

4. Die Wasserversorgung zeigte in verschiedenen Fällen
einen Einfluss auf die Verbreitung, resp. Beschränkung der Epidemien.

5. Durch Excesse scheint der Ausbruch der Krankheit begünstigt zu werden, indem der Montag von allen Wochentagen
die grösste Zahl von Erkrankungen aufweist.

6. Die Incubation scheint zwischen 1 und 5 Tagen zu schwan-
ken, im Mittel 3 Tage zu betragen.

7. Zu Cholerazeiten leiden auch im Uebrigen gesunde Menschen an einzelnen, wahrscheinlich auf eine schwächere Einwirkung
des Infectionsstoffes zurückzuführenden Beschwerden.

8. An Orten, in welchen die Seuche dauernd herrscht, macht
sich ein gewisses periodisches Verhalten ihrer Intensität bemerkbar,
was auf eine Immunität schliessen lässt, die durch das Ueber-
stehen der Seuche oder durch den blossen Aufenthalt im durchseuchten Orte von Seiten der Bewohner erworben werden mag.
Dafür spricht auch das Wiederaufflackern der fast erloschenen
Seuche nach der Rückkehr der Choleraflüchtlinge.

Dies ungefähr waren die Schlussfolgerungen, welche man
vor der Entdeckung der Cholerabacillen aus den ersten vier
Pandemien über die Cholera in der medicinischen Welt Europas
gewonnen hatte. Dieselben stellten eine Art von Verständigung
zwischen Vertretern der verschiedenen Anschauungen dar, indem
sie, ohne ein bestimmtes Dogma über die Beschaffenheit des
Krankheitsgiftes und den Vorgang der Infection aufzustellen, von
der Auffassung der Cholera als einer in Europa nicht heimischen
und nur durch Verkehr hierher verschleppten Infectionskrankheit
ausgingen.

Ueber die Beschaffenheit des Krankheitsgiftes dagegen, über
die Art seiner Reproduction und Verbreitung waren von der
ersten Bekanntschaft mit der Seuche bis auf unsere Tage die
Ansichten getheilt und machten sich schroffe Gegensätze in den
Auffassungen geltend. „Es hat sich mit der Krankheit aus dem
fernen Asien bis zu uns ein unseliger Streit mit fortgepflanzt,
welcher Aerzte und Laien in zwei grosse Parteien spaltete, deren
eine die contagiöse, die andere die miasmatische Verbreitung der

Cholera vertheidigte", so schreibt Kaltenbrunner[1]) bereits im Jahre 1832.

Von den Vertretern der contagionistischen Anschauungsweise wurde die Reproduction des Krankheitsgiftes in den erkrankten Menschen verlegt, von diesem und von seinen Ausleerungen drohte die Gefahr der Infection. Nach der miasmatischen Auffassung, die sich später zur localistischen entwickelte, war die Oertlichkeit, bezw. der Boden als Reproductionsstätte des Choleragiftes zu betrachten. Beide Richtungen stützten sich auf eine Fülle thatsächlicher Beobachtungen, ohne dass die Vertreter der einen Auffassung das von der anderen Seite angeführte Beweismaterial hätten entkräften oder nach der eigenen Theorie genügend erklären können.

So ist es von besonderem Interesse zu ersehen, wie schon das erste Auftreten der Cholera in Preussen im Jahre 1831 der Ausgangspunkt für die Begründung der widersprechendsten Anschauungen über die Seuche wurde, indem einerseits Wagner auf Grund des amtlichen Materials den Nachweis der Contagiosität liefern zu können glaubte, während andererseits die aus Süddeutschland zum Studium der Seuche nach Preussen entsendeten Aerzte Hergt, Sommerschu und Kaltenbrunner zu einer entgegengesetzten Ansicht kamen.

An der Hand umfassender Beobachtungen legte Wagner[2]) dar, wie die Cholera sich stets nur dann erst in einem Orte gezeigt, wenn sie allmählich bis in dessen Nähe herangerückt war. Niemals sei sie in einem mit dem inficirten Lande in keinem Verkehr stehenden Orte zum Ausbruch gekommen. In zahlreichen Fällen sei ihre Uebertragung von Mensch zu Mensch constatirt, nicht nur in demselben Orte, sondern auch nach anderen Orten hin, wodurch also die Verschleppbarkeit der Seuche bestimmt erwiesen sei. Diese Verschleppung sei unabhängig von atmosphärischen Einflüssen und könne nach allen Himmelsgegenden von inficirten grösseren Verkehrscentren in strahlenförmiger Rich-

---

[1]) Beobachtungen bayerischer Aerzte über Cholera Morbus, 2. Heft: Kaltenbrunner, Ueber die Verbreitung der Cholera etc. München 1832, S. 178.

[2]) Wagner, Die Verbreitung der Cholera im Preussischen Staate: ein Beweis ihrer Contagiosität. Berlin 1832.

tung erfolgen, werde auf grössere Entfernungen vorwiegend durch
die Schifffahrt, namentlich die Flussschifffahrt, und durch Truppen-
züge (ev. Karavanen) vermittelt, während sie durch den Verkehr
einzelner Personen meist nur auf kurze Entfernungen stattfinde.
Die Ansteckung werde nicht selten durch anscheinend gesunde
oder leicht erkrankte Personen, welche aus inficirten Orten kommen, oder durch Leichen oder durch Kleidungsstücke verursacht,
welche mit Kranken in Berührung gewesen sind.

Die Bemühungen der Anhänger der contagionistischen Lehre,
durch den Nachweis des Contagiums ihrer Auffassung eine sichere
Grundlage zu geben, waren, wie in dem Abschnitt über die
älteren Forschungen nach dem Krankheitsgift mitgetheilt worden,
nicht von Erfolg gekrönt, insbesondere war es nicht gelungen,
den Ansteckungsstoff in den Entleerungen mit Sicherheit nachzuweisen oder daraus zu isoliren.

Da nun eine directe Uebertragung nur für eine Minderzahl
von Fällen nachweisbar, bezw. wahrscheinlich erschien und nicht
genügte, um das manchmal explosionsartige Auftreten der Seuche
zu erklären, so wurde auch von den Contagionisten weiterhin
neben der directen Ansteckung vom Kranken oder von dessen
Effecten noch eine mittelbare Uebertragung, und zwar in erster
Reihe durch das Trinkwasser angenommen.

Es waren zuerst die Arbeiten von Snow und Simon[1]),
welche an der Hand der 1848 und 1854 in London im Ver-
sorgungsgebiet der Southwark und Vauxhall-Compagnie gesam-
melten Beobachtungen den Einfluss unreinen Leitungswassers auf
die Verbreitung der Cholera darlegten, ein Verhältniss, das während der Epidemie von 1866 bei dem Wasser der East London
water works wiederum in auffälligster Weise zu Tage trat.

Als fernere Anhänger der Trinkwassertheorie sind zu nennen:
Macnamara, de Renzy, Proust, Burdon-Sanderson, Förster. Letzterer[2]) wies während der Epidemie 1866 auf Grund
vergleichender Beobachtungen an einer Reihe von schlesischen
Städten darauf hin, wie zu Cholerazeiten Ortschaften, welche eine
gute Wasserleitung besitzen, im Gegensatz zu solchen, welche auf

[1]) Snow und Simon, The mode of communication of cholera. London 1855.
[2]) Förster, Die Verbreitung der Cholera durch die Brunnen. Breslau 1873.

eine Benutzung von Brunnen angewiesen waren, von einer epidemischen Verbreitung der Seuche verschont blieben.

Im Fort William in Kalkutta ist es seit Einführung einer
Wasserleitung nicht mehr zu der früher regelmässigen schweren
epidemischen Verbreitung der Cholera gekommen.

Solange der Nachweis des Choleracontagiums nicht erbracht
war, musste auch die Verbreitung der Seuche durch das Trinkwasser, für welch' letzteres man eine Infection durch das den
Choleradejectionen anhaftende Contagium annahm, eine Hypothese
bleiben, deren Stichhaltigkeit trotz allen herangezogenen empirischen Beweismaterials nicht erwiesen werden konnte.

Als Grundlage der Lehre vom Einflusse der örtlichen Bedingungen, namentlich des Bodens auf das epidemische Verhalten der Cholera — der sogenannten localistischen Auffassung — können Beobachtungen gelten, welche schon bei der
ersten grösseren Verbreitung der Cholera in Indien 1817—1819
gemacht worden waren. Man hatte bemerkt, dass die Seuche
ähnlich der Malaria an gewisse Gegenden gebunden ˙erschien,
dass, während in der Ebene eine schwere Epidemie herrschte,
die hoch gelegenen Forts von der Krankheit verschont blieben,
dass in inficirten Truppentheilen, welche nach höher gelegenen
cholerafreien Ortschaften verlegt wurden, die Seuche bald erlosch. Dass hierbei nicht die Elevation eines solchen Ortes an
sich den Schutz gegen die Seuche bildete, ging aus den wiederholt gemachten Beobachtungen hervor, dass die Cholera auf ihren
weiteren Wanderungen Bergketten überschritt und Hochplateaus
(z. B. das Plateau von Erzerum) schwer heimsuchte.

Auch bei dem ersten Auftreten der Seuche in Europa wurde
der Einfluss localer Verhältnisse auf ihren Verlauf bemerkt.

Hergt und Sommerschu[1]), welche im Auftrage der Badi-
schen Regierung 1831 die Cholera in Posen und Berlin erforschen
sollten, glaubten die Annahme eines Contagiums als unzulässig
hinstellen zu müssen, weil sie keine Fälle unzweifelhafter Ansteckung innerhalb der Familie oder beim ärztlichen Personal,
auch keine Verschleppung der Krankheit durch letzteres hätten

---

[1]) Hergt u. Sommerschu, Berichte über Cholera morbus. Karlsruhe 1831.

constatiren können. Die Cholera entstünde vielmehr „aus örtlichen Verhältnissen im Conflicte mit atmosphärischen Einflüssen". Als solche örtlichen Verhältnisse glaubten sie die Effluvien faulender vegetabilischer Stoffe, eine „Malaria", ansprechen zu dürfen, während als zweiter Factor eine nicht näher definirte, aber in bestimmter Richtung fortschreitende krankhafte Beschaffenheit der Atmosphäre zu betrachten sei. Diese beiden Bedingungen genügten jedoch nicht zur Erzeugung der Cholera, sondern es sei dazu noch eine individuelle Disposition erforderlich, die durch allgemeine, die Widerstandsfähigkeit des Körpers herabsetzende Einflüsse, durch Affecte, durch Erkältung, besonders aber durch Verdauungsstörungen gegeben werde.

Kaltenbrunner[1]), welcher im Jahre 1831 von der Königlich Bayerischen Regierung zum Studium der Cholera nach Berlin, Schlesien und Böhmen geschickt worden war, stellte die Seuche als wesentlich von localen Einflüssen abhängig und vorzüglich an die Flussniederungen gebunden hin. Er vergleicht dieselbe mit dem in Marschgegenden heimischen Wechselfieber und meint, dass das der Infection zu Grunde liegende, dem Cholerakranken anhaftende Miasma in einer geeigneten, d. h. feuchten, mit Ausdünstungen von Menschen oder Gewässern überfüllten Luft in derselben Weise reproducirt werde, wie ein Ferment, das in eine gährungsfähige Flüssigkeit gebracht wird.

Fast gleichzeitig versuchte in Frankreich Boubée[2]) den Zusammenhang des Fortschreitens der Cholera mit geologisch-physikalischen Bodenverhältnissen nachzuweisen. Er berief sich darauf, dass die Krankheit bei ihrem ersten Auftreten auf europäischem Boden mit grösster Schnelligkeit über Landstriche mit Alluvial- und Tertiärboden sich verbreitet habe, während sie auf den älteren Formationen, speciell den Primitivgesteinen nur langsamer fortgeschritten und bald erloschen sei. Die Ungeeignetheit der letztgenannten Bodenarten für ein Umsichgreifen der Cholera erblickt Boubée nicht in dem geologischen Charakter des Bodens an sich, sondern in der Undurchlässigkeit desselben für Feuchtigkeit.

Beim zweiten Auftreten der Seuche in Frankreich konnte

[1]) l. c. S. 185—188.
[2]) Revue méd. 1832, S. 311; Gazette médicale de Paris 1849, S. 501.

Foureault[1]) einen den Boubée'schen Lehren entsprechenden Verlauf der Krankheit constatiren. Weiterhin wurden von Dechambre[2]) und Vidal[3]) hinsichtlich einzelner französischer Districte ähnliche Erfahrungen gesammelt.

Wenn schon, wie die vorstehenden geschichtlichen Erinnerungen zeigen, die Anfänge der Lehre vom Einflusse der Oertlichkeit und des Bodens bis auf die früheste Zeit der Choleraforschung zurückreichen, so wird man die Zeit ihrer Begründung mittelst systematisch durchgeführter Beobachtungen doch erst vom Cholerajahre 1854, von den Arbeiten M. von Pettenkofer's ab rechnen dürfen. Pettenkofer hatte zunächst aus der Art der Verbreitung, welche die Cholera im Jahre 1854 in Bayern genommen und weiterhin aus den Erfahrungen, die auf dem europäischen Kontinent und in Indien gemacht worden, in überzeugender Weise dargethan, dass die Wanderung der Cholera nur im Anschluss an den menschlichen Verkehr zu Stande komme und die autochthonistische Auffassung haltlos sei. Die Thatsache, dass nicht alle vom Choleraverkehr berührten Orte einer epidemischen Verbreitung der Seuche anheimfallen, glaubte er auf Grund einer Vergleichung der localen Verhältnisse der vorwiegend befallenen und der mehr oder weniger immunen Orte, aus der verschiedenen Bodenbeschaffenheit erklären zu können. Als locale Factoren, welche zu einer Entwicklung der eingeschleppten Cholera geeignet und nothwendig seien, hatten sich nach seinen Untersuchungen herausgestellt:

1. ein poröser, lockerer für Luft und Wasser durchgängiger Boden,

2. eine Ansammlung organischer, zersetzungsfähiger Substanzen in demselben,

3. ein bestimmmter, nicht zu grosser, auch nicht zu geringer Feuchtigkeitsgehalt desselben, für dessen Erkennung die Schwankungen des Grundwassers als Index zu verwerthen seien.

Während von Pettenkofer bis zur Mitte der sechziger Jahre neben den localen Verhältnissen auch den Cholerakranken und ihren Entleerungen eine Bedeutung für die Choleraepidemien

---

[1]) Gaz. méd. de Paris 1849, No. 78. S. 338 u. 357.
[2]) Gaz. hebdom. de méd. 1854, No. 62.
[3]) ibidem No. 65.

zuerkannte — eine Anerkennung, die er selbst[1]) als einen Com-
promiss, geschlossen unter dem überwältigenden Eindruck des zu
Tage liegenden Einflusses, den der menschliche Verkehr auf die
Verbreitungsweise der Cholera ausübt, bezeichnete — reisst er
sich später von dieser contagionistischen Anschauungsweise gänzlich
los und stellt sich auf einen ausschliesslich localistischen Standpunkt. Das Choleragift, so führt er in seinen neueren Arbeiten[2])
aus, werde niemals vom Cholerakranken reproducirt, die Cholera
sei demnach keine ansteckende Krankheit, die Choleradejectionen
im frischen, wie im zersetzten Zustande seien ungefährlich. Die
Entstehung des Choleragiftes vergleicht er mit der Bildung des
Alkohols durch die Gährung. Es bedürfe dazu des noch unbekannten Cholerakeimes $x$, welcher dem Hefepilz vergleichbar, und
der gleichfalls leider noch unbekannten örtlichen und zeitlichen
Disposition $y$, welche die Stelle der zuckerhaltigen Nährlösung
vertrete, um, analog dem berauschenden Alkohol, aus beiden das
Choleragift $z$ entstehen zu lassen. — Er nimmt an, dass die Infection in einer miasmatischen Weise, vorwiegend durch die Re-
spirationsorgane, zu Stande komme. Die Cholerainfection sei der
Malariainfection zu vergleichen,[3]) während sie von den Contagionisten in eine Reihe mit der Syphilisinfection gestellt werde,
welche ohne Zwischenglied von Mensch zu Mensch erfolge. Ob-
wohl bei Celli's Versuchen eine Malariainfection durch Uebertragung des Blutes Malariakranker auf Gesunde geglückt sei, werde
man nicht geneigt sein anzunehmen, dass Wechselfieberepidemien
durch eine vom Kranken ausgehende Ansteckung zu Stande kämen
und nicht die Folge von Malaria-Orten und -Zeiten wären; ebensowenig dürfe man, wenn wirklich durch Einführung von Cholerakeimen bei Thieren Cholera hervorgerufen wird, daraus den Schluss
ziehen, dass der Mensch in gleicher oder ähnlicher Weise inficirt

[1]) Künftige Prophylaxis gegen Cholera, nach den Vorschlägen des
Dr. Frank, besprochen von M. v. Pettenkofer. München 1875. S. 22.

[2]) v. Pettenkofer, Neun aetiolog. u. prophylaetische Sätze etc. Braunschweig 1877. Die Entdeckung des Cholerapilzes. München 1884. Ueber
das Verhältniss zw. Bacteriologie u. Epidermilogie. München 1886. Zum
gegenwärtigen Stand der Cholerafrage. Archiv für Hygiene, Bd. V. —
Lehmann, Cholera und die modernen Cholera-Epidemien. Biolog. Centralblatt, V. Bd. No. 17 u. 18.

[3]) Chol. Conf. II. S. 12.

werde. — von Pettenkofer berücksichtigt bei diesen Aeusse-
rungen gar nicht, dass von den Verfechtern der Ansteckungsfähig-
keit der Cholera, welchen er die einseitige Bezeichnung der Contagionisten beigelegt hat, durchaus nicht eine ausschliessliche Verbreitung der Krankheit durch directe Ansteckung vom Kranken
her behauptet worden ist, sondern unter Anerkennung des Einflusses zeitlicher und örtlicher Verhältnisse speciell für das Zustandekommen eines epidemischen Auftretens der Seuche eine
mittelbare Uebertragung des Krankheitsgiftes angenommen worden wurde.

Ohne in erschöpfender Weise die Einwände aufzuführen,
welche sich gegen die Richtigkeit der v. Pettenkofer'schen
Theorie erheben lassen, will ich aus Koch's Entgegnungen auf
der zweiten Choleraconferenz nur kurz hervorheben, dass einerseits die Epidemien von Bombay und Genua[1]) die Lehre von dem
durch einen undurchlässigen Felsuntergrund gewährten Cholera-
schutz entkräften, dass andererseits das Verhalten der Cholera
auf Schiffen sich nicht in der von von Pettenkofer ausgeführten Weise zur Begründung seiner localistischen Theorie verwerthen lässt. Während nach von Pettenkofer Choleraerkrankungen
auf Schiffen überhaupt selten und dann nur bei Leuten vorkommen sollen, welche sich in einem Choleraort inficirt haben, eine
Uebertragung der Cholera dagegen auf andere Mitreisende ausgeschlossen sei, hat Koch[2]) an der Hand eines reichhaltigen Materials ausführlich dargelegt, dass erstens Schiffsepidemien gar
nicht so selten sind, dass sich ferner bei denselben meist fort-
laufend eine Reihe von Infectionen von Fall zu Fall verfolgen
lässt, dass im Uebrigen bei der Mangelhaftigkeit und Unzuver-
lässigkeit des namentlich über die ersten Krankheitsfälle vorliegen-
den Materials die angeblich nach langer Incubationszeit plötzlich
auftretenden Choleraerkrankungen, nur im Anschluss an andere
voraufgegangene, welche nicht unter der richtigen Diagnose zur
officiellen Kenntniss gelangen, vorkommen dürften. (Im Uebrigen
genügen die über die Conservirung der Cholerabacillen im feuchten

---

[1]) Als ein weiteres Beispiel einer auf undurchlässigem Boden gelegenen,
gleichwohl aber von der Cholera besonders schwer heimgesuchten Stadt
ist Göteborg zu bezeichnen. Vgl. Almquist, Thatsächliches und Kritisches
zur Ausbreitungsweise der Cholera. Göteborg 1886.

[2]) Chol. Conf. II. S. 21—23, 27—28.

Zustande gemachten Erfahrungen, um eine Verschleppung des Infectionsstoffes auch ohne eine fortlaufende Kette von Erkrankungen, ja ohne dass auf dem Schiff selbst ein Cholerafall vorgekommen zu sein brauchte, zu erklären.)

Soviel über die localistische Theorie, deren Hauptvertreter, wie Virchow[1]) hervorhebt, die Lehre von der Cholera als Infectionskrankheit zu ausschliesslich von der Betrachtung der Fälle der grossen Epidemien herzuleiten sich bemüht, während es für die Erkenntniss der Genese der Seuche zweckmässiger sein dürfte, von gut constatirten kleineren Epidemien oder leicht controlirbaren Einzelfällen auszugehen. Dem entsprechend haben auch die vom localistischen Standpunkte ausgeführten Forschungen, so anerkennungswerth ihre Verdienste um die Würdigung der epidemiologischen Bedeutung örtlicher und zeitlicher Verhältnisse gewesen sind, so fruchtbringend und segensreich die aus ihnen gezogenen Consequenzen für die Hebung der allgemeinen Hygiene und besonders für die Assanirung des Grund und Bodens geworden, uns das Verständniss der Einzelinfection nicht näher gerückt, sondern schliesslich hinsichtlich der Entstehung des Krankheitsgiftes, wie der Krankheitserreger zu der Aufstellung unbekannter Factoren geführt.

Wie übrigens Wolfsteiner[2]) betont, mehren sich in letzter Zeit die Anzeichen, dass auch von der ausgesprochen localistischen Seite eine Verständigung gesucht werde und ein Aufgeben des starren einseitigen Standpunktes zu erwarten sei.

Von der autochthonistischen Anschauung, welche in neuerer Zeit namentlich J. M. Cunningham[3]) wieder zu beleben versucht hat, wird weder die Möglichkeit einer Verschleppung der Cholera durch den menschlichen Verkehr, noch die aetiologische Bedeutung der Cholerabacillen zugegeben, noch die Specifität der indischen Cholera überhaupt anerkannt. Indische Cholera und Cholera nostras sind identisch, sind nicht übertragbar, können überall durch Zusammentreffen zeitlicher und örtlicher Disposition autochthon entstehen. Sie sind den Wirbelstürmen vergleichbar,

---

[1]) II. Chol. Conf. S. 31.

[2]) Wolfsteiner, Ueber Typhus u. Cholera in ihrer Beziehung zu Grundwasser und Trinkwasser. München 1886.

[3]) Cunningham, Cholera, what can the state do to prevent it? Calcutta 1884. Deutsch, Braunschweig 1885, S. 125.

welche im Osten häufiger angetroffen werden, aber auch in anderen Meeren nicht völlig unbekannt sind, und von Menschen weder verschleppt noch verhütet werden können. — Wie bei anderen ansteckenden Krankheiten sind auch bei der Cholera diejenigen, welche die Contagiosität leugnen, gerade in den Ländern zu finden, wo die Seuche mehr oder weniger heimisch ist und der Vorgang und Verlauf der Ansteckung innerhalb der durchseuchten Bevölkerung nicht so deutlich zu Tage treten kann.

Nach Bryden's Monsuntheorie[1]), welche auch in Indien kaum Anerkennung, wohl aber Widerlegung durch Murray und Macnamara gefunden hat, wird das specifische miasmatische Choleragift aus seinem endemischen Bezirk durch die feuchten Monsunwinde, nicht durch menschlichen Verkehr weitergeführt, kann durch trockene Winde festgeankert, durch feuchte neubelebt und wieder in Bewegung gesetzt werden.

## Die Choleratheorie unter Zugrundelegung der Cholerabacillen.

Durch die Entdeckung des Cholerabacillus ist der alte Streit zwischen „contagionistischer" und „localistischer" Auffassung endgiltig entschieden, indem einerseits das Contagium der Seuche aufgefunden ist, andrerseits die Kenntniss der biologischen Eigenschaften der Cholerabacillen und ihrer ektogenen Existenz uns eine richtige Deutung und ein besseres Verständniss der zeitlichen und örtlichen, wie auch der individuellen Disposition näher gerückt haben.

Die Anerkennung der Cholerabacillen als der specifischen Krankheitserreger wird zur Zeit nur noch von wenigen, einer ausschliesslich localistischen Auffassung huldigenden Forschern und von den in Deutschland wohl kaum vorhandenen Autochthonisten versagt, von einem Theile der letzteren wird übrigens das constante Vorkommen der Mikroorganismen bei Choleraerkrankungen und eine Verwerthbarkeit dieses Befundes in diagnostischer Beziehung eingeräumt.

Nach der nunmehr fest begründeten und durch Würdigung der zeitlichen und örtlichen Factoren wesentlich modificirten und erweiterten contagionistischen Auffassung haftet das Krank-

---

[1]) Küchenmeister, Verbreitung der Cholera. Erlangen 1872, S. 24 bis 28.

heitsgift, entsprechend dem Vorkommen der Bacillen, an den Dejectionen des Cholerakranken, seltener am Erbrochenen. Als Träger
und Verbreiter des Ansteckungsstoffes kommen demnach die an
Cholera oder Choleradurchfällen Erkrankten, sowie ausserdem
feuchte inficirte Gegenstände in Betracht. Die Infection des Menschen kann nur nach Aufnahme lebensfähiger Krankheitserreger in
den Verdauungscanal, speciell den Darm erfolgen und wird ermöglicht, wenn Bedingungen gegeben sind, welche die Cholerakeime in entwicklungsfähigem Zustande durch den Magen, zur
Stätte ihrer Wirksamkeit, dem Dünndarm gelangen lassen. Eine
Gelegenheit dazu kann geboten werden, wenn durch gastrische
Störungen die saure Reaction des Magens vermindert oder aufgehoben ist, oder die Salzsäure im Mageninhalt durch andere, infolge
von Gährungsvorgängen entstandene Säuren ersetzt ist (Butter-,
Milch- und Essigsäure), welche eine weniger schädliche Wirkung
auf die Cholerabacillen ausüben. Aber auch ohne gastrische Störungen kann die saure Reaction im Magen fehlen. So bleibt,
wenn Wasser in den nüchternen Magen gebracht wird, der Inhalt
des letzteren längere Zeit neutral oder selbst alkalisch.[1]) Beim
Genuss grösserer Mengen von Flüssigkeit, namentlich wenn nicht
gleichzeitig feste Nahrung genommen wird, kann ein Theil der
Flüssigkeit sofort in den alkalischen Darm hinüberpassiren.

Nur für eine Minderzahl von Erkrankungen dürfte eine directe
Infection von den Ausleerungen eines Kranken her erfolgen, für
die Entwicklung einer epidemischen Verbreitung ist vielmehr eine
mittelbare Uebertragung des Krankheitsgiftes bei dem gleichzei-
tigen Bestehen einer „zeitlichen" und „örtlichen Disposition"
anzunehmen. Während als zeitliche Disposition eine warme Wit-
terung zu betrachten ist, kommen als örtliche Disposition alle
die Verhältnisse zur Geltung, welche einerseits ein ektogenes Vege-
tiren der Cholerabacillen, andererseits eine Masseninfection der
Menschen ermöglichen. Neben allgemeinen antihygienischen Verhältnissen, Schmutz, Durchfeuchtung und Verunreinigung des
Grund und Bodens, erscheint die Sachlage für das Auftreten einer
epidemischen Verbreitung der Cholera besonders günstig, wenn
den Cholerabacillen Gelegenheit gegeben ist, ins Wasser zu gelangen, daselbst festen Fuss zu fassen und im Trink- und Nutz-

---

[1]) Vergl. Koch's Angaben, II. Chol. Conf. S. 6.

wasser mit Speisen und Getränken in die Verdauungswege der Menschen zu gelangen. Als eine Stätte, in welcher sich das Choleragift vermehren und lange erhalten kann, hat sich bei experimenteller Prüfung die Wäsche erwiesen. Auch von Nahrungsmitteln und Getränken können einzelne (Bouillon, Milch, rohes Fleisch, rohe Gemüse) nicht nur als Vehikel des Krankheitsstoffes, sondern auch als ein zur Vermehrung desselben geeigneter Nährboden in Betracht kommen. Es handelt sich bei der Infection um eine Contactübertragung und um eine Aufnahme der Bacillen und Entfaltung ihrer Wirksamkeit im Intestinaltractus, nicht um Uebertragung durch die Luft nach Art eines Miasmas oder um eine Aufnahme durch die Lungen. Eine Uebertragung durch die Luft würde, wie Koch[1]) erwähnt, nur unter bestimmten Bedingungen, wie z. B. durch Zerstäubung bacillenhaltiger Flüssigkeiten bei der Wäsche oder an der Meeresbrandung, zulässig erscheinen.

Schliesslich sei noch die Verschleppung des Krankheitsgiftes durch Insekten erwähnt, da eine Uebertragung der Cholerakeime von Ausleerungen her auf Nahrungsmittel durch Fliegen u. dgl. sehr nahe liegt.[2]) Dieser Punkt ist, meiner Ansicht nach, nicht genügend gewürdigt und dürfte vielleicht zur Erklärung mancher Hausepidemien, die auf „Benutzung desselben Abtritts" oder auf eine locale „miasmatische" Infection zurückgeführt wurden, zu verwerthen sein. Dagegen liegt kein Grund vor eine Verschleppung des Ansteckungsstoffes durch Insekten auf grössere Distanzen hin anzunehmen.

---

[1]) II. Chol. Conf. S. 8. (vgl. auch Charrin, Annales d'hyg. publ. 1886, S. 420).

[2]) Man kann sich experimentell diese Verschleppung von Mikroorganismen durch Insekten vergegenwärtigen, wenn man Fliegen unter eine Glasglocke bringt, unter welcher sich z. B. Fliesspapier, mit der betreffenden Kultur getränkt, und ausserdem sterile Nährböden (Kartoffeln, Gelatineplatten) befinden (vgl. auch Marpmann, Arch. f. Hyg. Bd. II).

Tizzoni u. Cattani (Centralbl. f. d. med. Wissensch. 1886 No. 43) geben an, dass sie gelegentlich der letztjährigen Choleraepidemie in Bologna aus Fliegen, welche in den Lazarethsälen gesammelt waren, krumme Bacillen gezüchtet hätten, welche alle dem Cholerabacillus eigene Charaktere zeigten.

# IV. Die gegen eine Verbreitung der Cholera zu ergreifenden polizeilichen und hygienischen Maassregeln.

Gemäss den in den vorstehenden Abschnitten dargelegten Auffassungen sind an dieser Stelle die gegen die Cholera als eine ansteckende, zugleich aber in ihrer epidemischen Verbreitung von örtlichen und zeitlichen Verhältnissen abhängige Krankheit zu ergreifenden Maassregeln zu erörtern.

Letztere werden sich zu stützen haben einerseits auf die Kenntniss der biologischen Eigenschaften der Cholerabacillen, auf die Erfahrungen über den Vorgang der Infection und den Verlauf des Einzelfalles, andererseits auf die aus einer Betrachtung des Verlaufes der Seuchen im Grossen und Ganzen gewonnenen Folgerungen, die „epidemiologischen Thatsachen" von Petten- kofer's.

Diese Maassregeln, die in erster Linie der Contagiosität der Cholera Rechnung zu tragen haben, werden demnach um vieles umfassender ausfallen, als die vom localistischen oder autoch- thonistischen Standpunkt aufgestellten Forderungen, welche, unter Verzichtleistung auf das Bemühen eine Verschleppung der Seuche zu verhindern, und unter Leugnung der vom einzelnen Krankheits- falle drohenden Gefahr der unmittelbaren Ansteckung, sich aus- schliesslich auf eine Besserung der localen hygienischen Verhält- nisse beschränken.

Die gegen die Cholera gerichteten Maassnahmen beziehen sich auf eine Verhütung der Einschleppung, wie auf eine Verhinderung der Weiterverbreitung der bereits aufgetretenen Cholera. Sie er- fordern die Mitwirkung der staatlichen und der communalen Behörden, der freien Hilfsverbände, wie des Einzelnen und zerfallen nach dem Bereiche ihrer Wirksamkeit in

1. internationale Maassregeln,
2. Maassregeln an den Land- und Wassergrenzen des Heimathlandes,
3. Maassregeln im Lande selbst,
4. Individuelle Schutzmaassregeln.

## 1. Internationale Maassregeln.

Die internationalen Maassregeln haben dem Ziele nachzustreben, dass die Cholera auf das Gebiet, in welchem sie endemisch herrscht, beschränkt bleibe, in Sonderheit nicht nach anderen Erdtheilen verschleppt werde. Durch welche Vorkehrungen dies erreicht werden könne, ist wiederholt der Gegenstand internationaler Conferenzen gewesen.

Auf der ersten internationalen Conferenz in Paris[1]) (1851/52), welche namentlich mit Rücksicht auf die orientalische Beulenpest berufen worden war, begnügte man sich mit dem Vorschlage eines ausführlichen Reglements für das gesammte Quarantänewesen und fügte eine Reihe beachtenswerther Wünsche bezüglich der öffentlichen Gesundheitspflege hinzu.

Auf der zweiten internationalen, ausschliesslich der Cholera gewidmeten Conferenz in Constantinopel (1866) wurde die Uebertragbarkeit der Cholera als thatsächlich erwiesen, der Cholerakranke als hauptsächlichster Träger der Seuche anerkannt, Schiffe und Eisenbahnen wurden als am meisten zur Verbreitung der Seuche geeignet, die hygienischen Einrichtungen als wesentlich für eine Beschränkung der Intensität und Fortdauer der Seuche hingestellt. Ein Uebereinkommen hinsichtlich der nöthigen Maassnahmen wurde nicht erzielt, in manchen Ländern wurden fortan alle gegen die Pest üblichen Verkehrsbeschränkungen auch gegen die Cholera ausgeführt. (In Oesterreich und Deutschland waren schon 1831 die Sperrmaassregeln zu Lande gegen die Cholera als unwirksam erkannt.)

---

[1]) v. Sigmund, Die Cholera und die Quarantänefrage vor den internationalen Sanitäts-Conferenzen. Sep. Abdr. aus der Deutschen Vierteljahrsschrift für öffentliche Gesundheitspflege, Bd. VIII, Heft 2.

Die dritte internationale Conferenz in Wien (1874) schlug vor, die Quarantänen auf ein thatsächlich durchführbares Maass einzuschränken und dieselben im Allgemeinen durch ein zweckmässiges Inspectionssystem zu ersetzen. Doch einigten sich fast sämmtliche Stimmen dahin, dass am caspischen und am rothen Meere eine internationale Quarantäne gegen die Zuzüge aus Indien stattzufinden habe. Ausserdem wurde die Nothwendigkeit begründet, durch Vereinigung von Fachmännern ein ständiges internationales Centralorgan zur planmässigen Lösung der einschlägigen wissenschaftlichen Fragen zu schaffen.[1]

Bei der vierten internationalen Sanitätsconferenz[2], welche im Mai 1885 in Rom auf Veranlassung der italienischen Regierung zusammentrat, konnten schon die Resultate der Choleraforschungen der letzten Jahre verwerthet werden. Ein engeres, aus 22 Fachmännern bestehendes technisches Comité stellte dabei eine Reihe von Schlusssätzen auf, neben welchen auch die von der Majorität verworfenen Vorschläge Berücksichtigung fanden.

Die Conferenz wurde auf Vorschlag des deutschen Botschafters bis zum November desselben Jahres vertagt, um den Regierungen Zeit zur Stellungnahme gegenüber jenen Schlusssätzen zu geben, ist dann aber vor einem neuen Zusammentritt bis auf Weiteres verschoben worden.

Die erwähnten Thesen des technischen Comités sollen andeuten, in welcher Form ungefähr internationale Maassnahmen mit Aussicht auf Erfolg und Durchführbarkeit getroffen werden könnten. Sie zielen einerseits darauf hin, die Verbreitung der Seuche im Orient zu verhindern, andererseits namentlich einer Einschleppung nach dem Occident auf dem Seewege vorzubeugen. Es würde nach denselben eine Besserung der hygienischen Verhältnisse und eine ärztliche Begleitung, Ueberwachung und wiederholte Inspection der Pilgerzüge[3] zu erstreben sein, da letztere, weil in den religiösen

---

[1] v. Sigmund, l. c. S. 246.

[2] Protocoles et procès-verbaux de la conférence internationale de Rome, inaugurée le 20 mai 1885. Rome 1885.

[3] Aehnlich die Beschlüsse des „Internationalen Gesundheitsrathes" zu Konstantinopel vom 3. März 1885. Veröffentlichungen des Kaiserlichen Gesundheitsamtes 1885, II. S. 139.

Anschauungen der Orientalen wurzelnd, eine wesentliche Einschränkung nicht zulassen dürften. Landquarantänen und Sanitätscordons wurden mit allen Stimmen gegen die der Türkei als nutzlos erklärt. Für die grossen Passagierschiffe und für die kleineren, zu welchen auch grössere Schiffe, welche keinen Arzt an Bord haben, zu rechnen sind, würden gesonderte Bestimmungen aufzustellen sein.

Auf allen grösseren Passagierdampfern sollte ein Arzt von der Regierung des zugehörigen Landes, aber unabhängig von den Schiffscompagnien und Rhedern angestellt sein.

Auf Schiffen, welche aus choleraverdächtigen Häfen auslaufen, sollten von vorne herein geeignete Räume für die Isolirung etwaiger Cholerakranker bereitgestellt sein, Dampfschiffe sollten unter diesen Verhältnissen einen Dampf-Desinfectionsapparat besitzen. Der Schiffsarzt solle darüber wachen, dass nicht choleraverdächtige Passagiere oder Effecten von an Cholera Verstorbenen eingeschifft werden. Bei kleineren Schiffen habe der Capitain durch Vermittelung des Consuls einen Arzt zur Untersuchung der Passagiere und der Effecten zu requiriren.

Schiffe, welche aus choleraverdächtigen Häfen kommend das rothe Meer passiren, seien, falls sie in Aegypten keine Passagiere absetzen wollen, nur einmal (in Suez), andernfalls zweimal (bei Bab-el-Mandeb und bei Suez) der Inspection durch einen von einer internationalen Commission zu ernennenden Arzt zu unterwerfen.[1] Liege kein Verdacht einer Infection vor, so solle das Schiff freien Lauf haben, sei dasselbe dagegen inficirt, d. h. seien ein oder mehrere Cholerafälle vorgekommen, so müssten Passagiere, wie Mannschaften ausgeschifft und nach Möglichkeit, d. h. in kleinen Gruppen, isolirt werden, während das Schiff, die Effecten und Kleider der Reisenden einer Desinfection zu unterwerfen seien. Die Observirung solle sich mindestens auf 5 Tage nach dem letzten Cholerafall erstrecken.

Eine Desinfection der Waaren und der Postcolli wurde als überflüssig erachtet.

---

[1] Dass die Untersuchung der Schiffe, wie sie noch in den letzten Jahren in Suez gehandhabt wurde, eine durchaus oberflächliche und unzureichende gewesen ist, geht aus Mittheilungen hervor, die Dönitz über seine eigenen Erlebnisse giebt (Bemerkungen zur Cholerafrage. Zeitschrift f. Hygiene, 1. Bd., S. 419).

Von einem Centralbureau eines jeden Landes aus sollten die ersten etwa vorkommenden Cholerafälle direct telegraphisch den andern Ländern mitgetheilt werden.

Flusshäfen, in welche Seeschiffe einlaufen könnten, müssten denselben Bestimmungen wie Seehäfen unterliegen.

Die Nothwendigkeit eines Wagenwechsels für den Fall, dass ein mehrere Länder berührender Eisenbahnzug aus einem inficirten Lande in ein cholerafreies übergeht, wurde mit 10 Stimmen gegen 6 verworfen, während sich 5 der Abstimmung enthielten.

## 2. Maassregeln an den Grenzen des Heimathlandes.

### a) An den Landgrenzen.

Wie schon gelegentlich der internationalen Maassregeln erwähnt, haben sich Sperrmaassregeln zu Lande als unwirksam gegen die Verbreitung der Cholera erwiesen, eine Erfahrung, welche von Preussen bereits im Jahre 1831 gemacht wurde.

Diese Unwirksamkeit beruht nicht darauf, dass das Princip der Absperrung, welches Cunningham mit dem Aufstellen von Schildwachen gegen einen Monsun vergleicht, ein verfehltes ist, sondern darauf, dass die Ausführung nur eine mangelhafte sein kann. Es drängen zuviel Interessen dazu, eine etwa ausgesprochene Sperre zu hintergehen und dürfte durch eine solche, die noch dazu meist nur von einer Seite aufrecht gehalten würde, es ebensowenig den menschlichen Verkehr zu unterdrücken gelingen, wie sich selbst durch beiderseitige Sperrmaassregeln der Schmuggel nicht unterdrücken lässt. Dass sich durch eine absolute Sperre, die in drakonischer Weise mit Flintenschüssen aufrecht erhalten wird, eine wirksame Schutzbarrière gegen die Cholerainvasion auch zu Lande herstellen lässt, wird von Tommasi-Crudeli[1] an den Beispielen einiger römischer und sicilischer Gemeinden bestätigt.

Mag demnach in einzelnen Fällen unter besonderen Bedingungen eine Landsperre durchführbar und erfolgreich gewesen sein, so wird im Allgemeinen die Berücksichtigung der politischen, nationalen, commerciellen wie socialen Verhältnisse unserer Kulturlän-

---

[1] Cosa si può fare in tempo di còlera? tre conferenze dei dottori Namias e Tommasi-Crudeli. Milano 1884, S. 124.

der dahin führen, dass von Sperrmaassregeln, wie Sanitätseordons, Landquarantäne u. dgl., als von lästigen, ihren Zweck dabei nicht erfüllenden Maassnahmen abgesehen wird, zumal deren Nutzen in keinem Verhältniss zu den durch sie bedingten Nachtheilen steht.

Damit soll aber nicht gesagt sein, dass der Staat es ruhig gesehehen lassen möge, dass Cholerakranke oder überhaupt Träger der Cholerainfeetion die Grenze übersehreiten. Es kommt darauf an, einen den besonderen Verhältnissen entsprechenden Weg zu finden, welcher die erwähnten Gefahren ausschliesst ohne den Verkehr in eingreifender Weise zu stören und ohne gesunde unverdächtige Reisende unnöthig aufzuhalten und zu behelligen. Die Schwierigkeit hierfür geeignete practische Bestimmungen zu treffen, von denen man sich einen wirksamen Erfolg versprechen darf, hat Wasserfuhr[1]) in einer jüngst ersehienenen Arbeit beleuchtet. Er führt darin ausführlicher aus, wie es wohl möglich sei, an den Eisenbahnstationen der Grenze den Fremdenverkehr zu überwachen, nicht aber längs der ganzen Grenze, welche von Chaussecn und Wegen so häufig durchschnitten wird und für eine unbemerkte Einschleppung und Verschleppung des Krankheitsgiftes durch Reisende der weniger begünstigten socialen Klassen, Handwerksburschen u. s. w. eine günstige Gelegenheit darbietet.

Man hat gelegentlich der letzten Choleraepidemie eine ärztliche Inspicirung der Eisenbahnreisenden an den Grenzstationen zu Choleraländern ausgeführt und für geeignete Räume zur Unterbringung und Isolirung etwaiger Cholerakranker, sowie für Desinfeetion der von Kranken benutzten Waggons und der Effecten der Kranken Sorge getragen. Eine solche ärztliche Inspicirung wird am besten ausgeführt, während die Reisenden im Zuge verbleiben oder vor den Coupee's stehen, wobei der betreffende Arzt von dem Bahnpersonal die geeigneten näheren Aufschlüsse und etwaige Beobachtungsergebnisse über verdächtige Personen erhalten kann. Weniger zweckmässig ist es, wenn zur Besichtigung die Reisenden in einen grossen Raum zusammen geführt werden. Man hat auch die Inspicirung in mehr unmerklicher Weise voll-

---

¹) Wasserfuhr, Welche sanitätspolizeilichen Maassregeln an den Grenzen empfohlen sich gegen eine Verbreitung der Cholera aus dem Auslande nach Deutschland? Deutsche Vierteljahrsschrift für öffentliche Gesundheitspflege. Bd. XVII., S. 553.

zogen, während die Passagiere durch einen schmalen Durchgang beim Arzte vorbeipassirten. Als gänzlich verfehlt müssen die desinficirenden Besprengungen und Räucherungen bezeichnet werden, welche in südeuropäischen Staaten noch ausserdem an den in einen Raum zusammengeführten Reisenden vollzogen wurden. Jedenfalls empfiehlt es sich die ärztliche Inspection stets vor diesen Proceduren vorzunehmen, da durch letztere bei empfindlichen Personen leicht Uebelbefinden hervorgerufen werden kann.

Wasserfuhr spricht sich überhaupt gegen die Zweckmässigkeit der ärztlichen Ueberwachung an den Grenzstationen aus und nennt sie eine illusorische, weil ihr etwaige Choleradiarrhoekranke, die gefährlichsten Verbreiter der Infection, entgingen, während die von einem ausgesprochenen Choleraanfall Betroffenen auch von dem Bahn- und Polizeipersonal erkannt und von der Weiterreise ausgeschlossen werden könnten. Nach Wasserfuhr's Ansicht sollte die ärztliche Ueberwachung durch eine Ausdehnung der Anzeigeverpflichtung auf Bahn- und Polizeibeamte ersetzt werden.

Dieser Forderung würde nur auf dem Wege einer reichsgesetzlichen oder kaiserlichen Verordnung entsprochen werden können, während bisher die gegen die ansteckenden menschlichen Krankheiten zu ergreifenden Maassregeln den Einzelstaaten überlassen worden sind.

Wie an den Grenzstationen, so empfiehlt es sich auch an den grösseren Eisenbahn-Knotenpunkten innerhalb des Landes zu Zeiten einer drohenden Cholerainvasion und behufs Einschränkung einer Weiterverbreitung der bereits eingeschleppten Seuche für ärztliche Ueberwachung der Reisenden, die Unterbringung und Isolirung etwaiger Cholerakranker und für Desinfectionsvorrichtungen Sorge zu tragen.

Für die Inspection der in den Grenzdistricten und an den grossen Verkehrscentren zu treffenden Vorkehrungen, wie für die Ueberwachung des daselbst gehandhabten ärztlichen Dienstes würden nach Wasserfuhr's Vorschlage medicinische Reichscommissare zu ereiren sein. In der Schweiz ist durch Bundesrathsbeschluss vom 4. Juli 1884[1]) die Ernennung von solchen Inspec-

---

[1]) Erlass des Schweizerischen Bundesrathes vom 4. Juli 1884, betr. Maassnahmen gegen die Cholera. Deutsche Vierteljahrsschrift für öffentliche Gesundheitspflege, Bd. XVI, S. 641.

toren vorgesehen und denselben eine zweckentsprechende Execu-
tive eingeräumt.

## b) an den Wassergrenzen.

Günstiger als an den meist künstlichen politischen Landgrenzen liegen die Verhältnisse an der Seeküste, an welcher sich
der Verkehr in den bestimmten ihm vorgezeichneten Bahnen
leichter überwachen lässt. Dass dagegen von den etwa längs
eines grossen Grenzflusses angewandten Sperrmaassregeln ein Erfolg nicht zu erwarten ist, hat die Erfahrung gelehrt und hat noch
jüngst auf der Conferenz zu Rom bei einer diesbezüglichen Abstimmung[1]) mit 13 gegen 5 Stimmen (bei 3 Enthaltungen) einen
Ausdruck gefunden.

Für die Wirksamkeit der Quarantäne zum Schutze von Seehäfen sprechen insbesondere die celatanten Beispiele, wo ein bis
dahin frei gebliebener Hafen durch den Bruch der Quarantäne,
so z. B. Malta im Jahre 1865, inficirt wurde.[2])

Die Quarantäne, in einem ziemlich grausamen Edict der
Stadt Rhegium (Modena) vom Jahre 1374 zuerst erwähnt,[3]) war
anfangs als Schutzmaassregel gegen den schwarzen Tod, dann
gegen die Pest angewandt worden. Im Laufe der Jahrhunderte
hat sie in ihrer Durchführung an Härte und Dauer mehr und mehr
verloren. In Deutschland wurde im Jahre 1848 bestimmt, dass,
wenn während der Ueberfahrtszeit eines Schiffes sich kein Cholerafall an Bord ereignet habe, dieser Zeitraum auf die Beobachtungs-
quarantäne von 4 bis 5 Tagen mit in Anrechnung zu bringen sei,
im Jahre 1853 wurde bestimmt, dass in solchem Falle gar keine
Quarantäne statt zu finden habe, 1867 wurde ein Inspectionssystem
eingeführt.

Durch einen Königlich Preussischen Ministerialerlass[4]) vom
5. Juli 1883, aus welchem hier die speciell auf die Cholera be-

---

[1]) l. c. procès verbal No. 14, S. 299.
[2]) Tommasi-Crudeli, l. c. S. 125.
[3]) Wernich, Quarantaine in Eulenburgs Real-Encyclopaedie. 1. Aufl.
Bd. XI, 1882. S. 265—274.
[4]) Erlass des königl. preuss. Min. der geistl. Unterrichts- und Medic.-
Angeleg. und des Min. f. Handel u. Gewerbe v. 13. VII. 1883, betr. Desinf.
von Seeschiffen, welche gemäss Verordn. vom 5. VII. 1883 zu desinficiren
sind. Deutsche Viertelj. f. öffentl. Gesundheitspfl. Bd. XV. S. 693.

züglichen Bestimmungen hervorgehoben seien, wurde angeordnet,
dass jedes Seeschiff einer gesundheitspolizeilichen Controle unterliegen soll,

1. wenn es aus einem Hafenplatze des rothen Meeres oder
der Türkei (mit Ausnahme des adriatischen Gebiets) kommt,

2. wenn es aus sonst einem Hafen kommt, welcher nach officiellen oder glaubwürdigen Nachrichten cholerainficirt oder cho-
leraverdächtig ist,

3. wenn es unterwegs mit einem Schiffe Verkehr gehabt,
welches einen der unter 1 oder 2 genannten Häfen berührt hat,

4. wenn unterwegs ein Cholerafall oder ein verdächtiger
Krankheitsfall vorgekommen ist.

„Das Schiff ist zum freien Verkehr zuzulassen, wenn das Er-
gebniss der Besichtigung nach allen Richtungen (Schiff, Personen, Ladung) ein befriedigendes ist."

Etwa vorgefundene cholerakranke oder -verdächtige Personen
müssen sofort unter Trennung der Kranken und der Verdächtigen
in geeigneten Localitäten isolirt werden. Choleraleichen sind
unter Vorsichtsmaassregeln zu bestatten, Kleider und Wäsche derselben sind zu vernichten, ihre sonstigen Effecten zu desinficiren.
Die von den inficirten Personen innegehabten Räume und der Bilge-
raum sind gleichfalls zu desinficiren.

Die übrigen Insassen des Schiffes sind in einem isolirten
Raum einer ärztlichen Beobachtung zu unterwerfen, welche sich
auf höchstens 6 Tage zu erstrecken hat, aber entsprechend ab-
gekürzt werden kann, „wenn der Krankheitsverdacht vor Ablauf
der festgesetzten Frist sich als unbegründet herausstellt."

Die vom Schiff etwa mitgeführten „giftfangenden" Waaren
(Lumpen, Wäsche, thierische Abfälle) sind nur mit Bezug auf die
Pest erwähnt, sie dürfen, falls der Verdacht einer Infection vor-
liegt, nur nach vorgängiger Unschädlichmachung in den Verkehr
gebracht oder müssen ohne Umladung wieder ausgeführt werden.

Im Anschluss an diesen Erlass erfolgte am 11. Juli 1883 ein
Königlich Preussischer Ministerial-Erlass über die Desinfection
von Seeschiffen,[1) in welchem die Verwendung von Carbolsäure,

---

[1) Erlass des königl. preuss. Min. d. geistl. Unterr. u. Med.-Ang. und des
Min. f. Handel u. Gewerbe v. 5. VII. 1883, betr. d. gesundheitspolizeil.

Sublimat und heissen Wasserdämpfen, unter ausführlichen er-
läuternden Bestimmungen speciell über die Desinfection des Kiel-
raumes, angeordnet wurde. Für die verdächtigen Waaren wurde
eine Desinfection mit heissen Wasserdämpfen in besonderen, in
geeigneten Häfen dazu bereitzustellenden Desinfections-Räumen
verfügt.

Schliesslich sei noch bemerkt, dass die Quarantäneanstalten
keinen gefängnissartigen, sondern einen hotelmässigen Eindruck
machen sollen und am besten auf einer oder mehreren Inseln,
welche in zwangloser Weise eine Trennung der Kranken, Verdächtigen und Gesunden ermöglichen, einzurichten sind. So wurden
z. B. 1886 in Toulon [1]) von den heimkehrenden Truppentransport-
schiffen die Kranken auf der Insel Bagau, die Verdächtigen und
die Reconvalescenten auf Por-Cros, die übrigen auf Porquerolles
untergebracht.

Auch hinsichtlich der oben erläuterten Maassregeln an den
Seegrenzen äussert Wasserfuhr [2]) seine Zweifel an der Zweckmässigkeit des vorgeschriebenen Inspections- bezw. Quarantäne-
verfahrens. Er schlägt vielmehr vor, an Stelle derselben eine
reichsgesetzliche Ausdehnung der Anzeigepflicht auf Schiffscapi-
taine und Schiffsärzte zu setzen. Einer Inspection sollen dann
nur diejenigen Schiffe unterworfen werden, auf welchen laut An-
zeige des Capitains oder Schiffsarztes Fälle von Cholera oder
Diarrhöe während der Fahrt vorgekommen oder zur Zeit noch
vorhanden seien. Im Uebrigen sei ein Choleraschiff im Hafen
wie ein Cholerahaus in der Stadt zu behandeln, d. h. es sei, nach
Isolirung der Kranken, Desinficirung der von ihnen inne gehabten
Räume und Unschädlichmachung ihrer Effecten, kein Grund vorhanden den Verkehr des Schiffes bezw. seiner gesunden Insassen
mit dem Lande noch weiter irgend wie zu beschränken.

---

Contr. der in einem preuss. Hafen anlaufenden Seeschiffe. Viertelj. f. öff.
Gesundheitspfl. Bd. XV. S. 689.

[1]) Veröffentlichungen des Kaiserlichen Gesundheitsamtes. 1886. No. 17,
S. 247.

[2]) l. c. S. 561.

## 3. Maassregeln im Lande selbst.

### a) Allgemeine jederzeit zu erfüllende hygienische Maassnahmen.

Hier ist das Gebiet, auf welchem sich die Vertreter der contagionistischen, der localistischen und der anehtochthonischen Lehre
die Hand reichen und, wenngleich von verschiedenen Erwägungen
ausgehend, die gleichen Forderungen aufstellen. Es kommt darauf
an, einen für eine epidemische Verbreitung der Cholera geeigneten
Ort durch Verbesserung und Fürsorge in Bezug auf Boden, Wasser,
Luft, Wohnungsverhältnisse u. s. w. in einen dauernd immunen Ort
umzuwandeln.

Als wichtigster Punkt ist hier zuerst die Wasserversorgung zu
nennen. Da Boden und Wasser in der Umgebung menschlicher
Wohnungen mehr oder weniger verunreinigt zu sein pflegen, so
muss, besonders in grösseren Städten, für eine gemeinsame Zulei-
tung eines reinen Wassers, sei dasselbe nun reines Grundwasser
oder gereinigtes See- oder Flusswasser, gesorgt werden.

Von nicht geringerer Bedeutung ist die ·Beseitigung der Fäcalien und der anderen Abfälle des menschlichen Haushalts. Für
grössere Städte dürfte, wenn irgend durchführbar, die Anlegung
von Schwemmeanälen zur Aufnahme von Excrementen und flüssi-
gen Abfällen das Geeignetste sein. Für kleinere Städte mögen
andere Systeme, auch das Liernur'sche zweckmässig und durchführbar sein. Ebenso ist die Tonnenabfuhr unter Umständen nicht
zu verwerfen, es kommt überhaupt weniger auf den Namen des
Systems, sondern hauptsächlich auf die Möglichkeit und auf die
Art der Durchführung an. Dagegen ist die Anlage und Benutzung
von Sehlinggruben, wenigstens für Städte, in energischer Weise zu
inhibiren. Die sogenannten Müllgruben müssen undurchlässig sein
und in regelmässigem Turnus entleert werden.

Im Uebrigen sei noch darauf hingewiesen, dass eine stete
Pflege der öffentlichen Hygiene, wie eine Berücksichtigung
der vom hygienischen Standpunkte aufzustellenden Forderungen
auf dem Gebiete der Bau-, der Strassen- und der Markt-Polizei
und eine Fürsorge für die Nothstände des Proletariats gleichfalls
als mittelbare Factoren zur Assanirung einer Oertlichkeit zu erachten sind.

**b) Maassregeln zu Zeiten, in denen eine Invasion der Cholera droht.**

Ist durch das Herannahen der Cholera, oder gar durch ein epidemisches Auftreten derselben in einem benachbarten Lande die Gefahr einer Invasion besonders nahe gerückt, so können folgende Maassregeln in Frage kommen.

1. Eine Ueberwachung des Verkehrs im Anschluss an die gelegentlich der Grenzmaassregeln erwähnten Maassnahmen.

2. Besondere sanitäre Ueberwachung eventuell Verbot von Menschenanhäufungen (Messen, Jahrmärkten u. dgl.).

3. Verbot der Einfuhr von Waaren, welche geeignet erscheinen eine Infection zu vermitteln, wie z. B. feuchte Lumpen.

4. Prüfung der vorhandenen Trink- und Nutzwässer, Ausschluss bis dahin etwa noch benutzter Wässer, bei denen ein dauerndes Reinbleiben zweifelhaft erscheint.

5. Erhöhte Sorgfalt für die Entfernung der Fäcalien. Ausschluss derjenigen Einrichtungen, welche eine Verunreinigung des Bodens wahrscheinlich oder möglich erscheinen lassen.

6. Strengste Durchführung der Marktpolizei.

7. Unter Umständen kann es geboten erscheinen, besonders dicht belegte Quartiere oder Stadttheile durch Unterbringung der Einwohner in Baracken oder disponiblen geeigneten Räumlichkeiten zu entleeren. Andrerseits ist einer „Massenflucht" nach Möglichkeit vorzubeugen.

8. Eine aufklärende und beruhigende Belehrung des Volks über das Wesen der Cholera und die Schutzmaassregeln für Individuum und Familie. Diese Belehrung würde ungefähr folgende Punkte hervorzuheben haben:

Die Cholera ist eine ansteckende Krankheit, welche aber selbst bei schweren Epidemien nur einen Bruchtheil der Bevölkerung ergreift und nur bei einem Theil der Erkrankten einen tödtlichen Verlauf nimmt. Das Krankheitsgift wird von Cholerakranken und von anscheinend Diarrhoekranken verschleppt, in deren Entleerungen es enthalten ist. Dasselbe kann unter Umständen ausserhalb des menschlichen Körpers längere Zeit in lebensfähigem Zustande erhalten bleiben und mittelbar wieder auf den Menschen übertragen werden. Durch gewisse Vorsichtsmaassregeln kann der Einzelne sich und seine Angehörigen mit Aussicht auf Erfolg vor einer Ansteckung schützen. Diese Vor-

sichtsmaassregeln sind leicht beim Verbleiben in der eigenen Häuslichkeit, schwer auf Reisen oder in der Fremde durchzuführen.
Man hüte sich desshalb vor einer durch blinde Furcht bedingten
Flucht vor der Cholera. Ausser einer Erfüllung der mehr allgemeinen Forderungen der Reinlichkeit und Mässigkeit, der Vermeidung von Excessen und Erkältungen, sowie von psychischen Erre-
gungen ist den Verdauungsorganen und den Nahrungsmitteln eine
besondere Aufmerksamkeit zu widmen, da von den Nahrungswegen
aus die Ansteckung erfolgt und durch Verdauungsstörungen der
Körper für ein Haften des Choleragiftes besonders empfänglich wird.
Es sollen nur frisch gekochte oder gebratene Speisen, gekochte
Milch und gekochtes Trink- und Nutzwasser zur Verwendung kommen. Desshalb sollen keine grösseren Mengen von Speisen in
Vorrath zubereitet werden, dieselben aber jedenfalls durch Glocken
oder Gitter vor Verunreinigung durch Insekten geschützt werden.
Obst und rohe Gemüse, wie Radieschen, Gurken, Melonen, Salate,
können Träger des Ansteckungsstoffes sein, können aber durch
Kochen sicher von demselben befreit werden.[1] Unreifes Obst und
andere schwerverdauliche Nahrungsmittel (schwere Gemüse, sehr
fette Speisen) sind, letztere wenigstens von Personen mit empfindlichen Verdauungsorganen, zu vermeiden. Der angepriesene Gebrauch von Choleraschnäpsen oder anderen Spirituosen ist zu verwerfen, statt dessen verdienen alkoholfreie warme Getränke (Kaffee,
Thee) angerathen zu werden. Der mässige Genuss eines guten unter-
gährigen Bieres ist gestattet, der diätetische Gebrauch eines guten
Rothweines, unvermischt oder als Zusatz zum Wasser, ist zu empfehlen. Auch der Genuss natürlicher kohlensaurer Mineralwässer,
wie künstlichen Selterswassers, welches einige Tage gelagert hat,
erscheint ungefährlich, ebenso der einer Brausemischung, welche
man erhält, wenn man eine Weinsäurelösung (2,0 acidum tartaricum
auf 1 l Wasser) nach mehrstündigem Stehen mit doppeltkohlen-

[1] Der Vorschlag von Ziemssen (Die Cholera und ihre Behandlung.
Leipzig 1887. S. 23) die roh zu geniessenden Speisen durch Abwaschen
mit einer verdünnten Sublimatlösung und Nachspülen mit gekochtem Wasser
unschädlich zu machen, dürfte eine allgemeine Empfehlung nicht verdienen.
Erscheint es schon bedenklich, dem Publikum das giftige Sublimat als Desinfectionsmittel in die Hand zu geben, so muss dessen Verwendung in der
Küche bei der Zurichtung von Nahrungsmitteln als durchaus unzulässig
erachtet werden.

saurem Natron neutralisirt. Alle Essgeräthe können durch Ein-
tauchen in siedendes Wasser ungefährlich gemacht werden. Glas-
sachen u. dgl., welche in trockenem Zustande mehrere Tage an
einem (vor Insekten) geschützten Ort gestanden haben, sind un-
verdächtig. — Man hüte sich vor einem unzweckmässigen Gebrauch von Abführmitteln, suche vielmehr bei allen Gesundheits-
störungen, insbesondere aber bei Durchfällen, sofort ärztliche
Hilfe. An Choleraorten und in Choleragegenden darf man keine
Flussbäder nehmen, weil das Krankheitsgift in den natürlichen
stagnirenden oder fliessenden Wässern enthalten sein kann.

Man vermeide zu Cholerazeiten die Stätten grosser Menschen-
ansammlungen, wie Wallfahrten und Jahrmärkte. Man soll nicht
Leute aus Choleraorten bei sich aufnehmen und auch im Uebrigen
jeden unnöthigen Vorkehr mit Choleraorten oder Cholerakranken
nach Möglickeit unterlassen. Jedenfalls hüte man sich in einer
fremden Häuslichkeit, in welcher Choleraerkrankungen vorliegen,
etwas zu geniessen.

Kommt ein Cholerafall im eigenen Hause vor, so sei man
dessen eingedenk, dass die Entleerungen des Kranken das Krankheitsgift enthalten und sofort durch Desinfection (5 % Carbolsäurelösung) unschädlich gemacht werden müssen. In gleicher Weise
ist alles, was nachweislich oder möglicherweise mit denselben in
Berührung gekommen ist, wie die Leib- und Bettwäsche, Hand-
und Wischtücher, der Fussboden, die Kleidung und die Hände des
Pflegepersonals zu desinficiren. In dem Krankenzimmer darf von
Seiten des Wartepersonals nichts genossen werden.

9. Die in dem Königlich Preussischen Regulativ vom 28. October 1835 (§ 2 u. 3) vorgesehenen Sanitätscommissionen würden,
auch in Städten unter 5000 Einwohnern und auf dem flachen Lande,
zusammenzutreten haben, um im Anschluss an die vorhandenen
Behörden eine Ueberwachung und Besserung der hygienischen Zustände des Bezirks auszuführen.

10. Die im genannten Regulativ (§ 9) für Familienhäupter,
Haus- und Gastwirthe und Medicinalpersonen verfügte Anzeigepflicht ist wiederholt bekannt zu geben und auf das Eisenbahn-
personal, Grenzbeamte, Schiffskapitäne und Schiffsärzte auszu-
dehnen. Es dürfte sich empfehlen, wenigstens in den von einer
Invasion zunächst bedrohten Gegenden, auch für „Brechdurchfall"
eine Anzeigepflicht auszusprechen.

11. Als Vorbereitungen für den Empfang der Seuche selbst
erscheinen folgende Maassnahmen geboten:

Herrichtung von isolirt gelegenen, dabei doch ohne weiten
Transport erreichbaren Choleralazarethen, für welche Aerzte und
Unterpersonal zu designiren sind,

Herrichtung von öffentlichen Desinfectionsanstalten,

Bereitstellung von Transportmitteln für Cholerakranke (leicht
desinficirbare Wagen oder Räderbahren, welche ein gefälliges
Aeussere und einen undurchlässigem Boden besitzen),

Designirung von (freiwilligen) Krankenträgern für gedachten
Transport,

Prüfung des Bestandes an Aerzten und Krankenhäusern in
den einzelnen Provinzen und Landstrichen,

Aufruf an Aerzte, welche sich eventuell zur Verwendung in
den von der Cholera befallenen Gegenden zur Verfügung zu stellen
geneigt sind,

Verhandlungen mit den Organen der freiwilligen Kranken-
pflege und Angabe der Wege und Mittel, wie sich dieselbe am
zweckmässigsten, beziehungsweise unter Anlehnung an staatliche
oder communale Einrichtungen, an der Bekämpfung der Seuche
betheiligen kann.

### c) Maassregeln beim Ausbruch der Seuche.

Hier handelt es sich darum einerseits dem Erkrankten selbst
die nöthige Hilfe angedeihen zu lassen, andererseits, und dies ist
der schwierigere und wichtigere Theil der Aufgabe, vor Allem
die Gesunden vor der drohenden Gefahr einer unmittelbaren oder
mittelbaren Uebertragung des Krankheitsgiftes zu schützen.

Als erstes Postulat ist hier eine strenge Durchführung
der Anzeigepflicht zu nennen. Eine besondere Schwierigkeit
kann die Beurtheilung der vereinzelten ersten Krankheitsfälle darbieten, bei welchen die Differenzialdiagnose zwischen anderen
Erkrankungen, namentlich Cholera nostras, in Frage kommt. Es
ist hier Sache der zuständigen Medicinalbeamten die Diagnose
unter Anwendung der bakteriologischen Untersuchungsmethoden
durch den Nachweis der Cholerabacillen zu verificiren. Jeder frag-
liche Fall ist bis zur endgiltigen Entscheidung stets wie ein Fall
von asiatischer Cholera zu behandeln.

Die Isolirung der Cholerakranken geschieht am besten

in den bereitgestellten Choleralazarethen. Da aber eine zwangs-
weise Ueberführung dorthin gegen den Willen des Kranken oder
seiner Angehörigen nicht angängig ist, so wird man sich häufig,
namentlich bei den besser situirten Kranken, damit begnügen
müssen, den Cholerakranken in einem Zimmer seiner Wohnung
zu isoliren, eventuell eine Räumung der Wohnung von Seiten der
Gesundgebliebenen zu veranlassen und das Haus durch eine schwarze
Tafel, wie in § 18b des Preussischen Regulativs vorgesehen ist,
als inficirt zu bezeichnen.

Die Entleerungen des Kranken sind nach Möglichkeit in
Gefässen, welche eine desinficirende Flüssigkeit (5% Carbollösung)
enthalten, aufzufangen. Alles was mit den Entleerungen besudelt
worden ist, wie z. B. der Fussboden oder die Hände des Wartepersonals, ist sofort zu desinficiren und dann zu reinigen. Es mag
hierbei besonders betont werden, dass stets die Desinfection der
Reinigung durch Abwaschen voraufzugehen hat, weil andernfalls
gerade das Waschwasser zu einer Verschleppung des nicht unschädlich gemachten Krankheitsstoffes Veranlassung geben kann.
Als ein Desinfectionsmittel zur allgemeinen Verwendung von Seiten des Publikums erscheint die Carbolsäure, welche schon in
schwacher Lösung mit Sicherheit einen vernichtenden Einfluss auf
die Cholerabacillen ausübt, am geeignetsten, während das giftigere
Sublimat nur unter directer ärztlicher Controle angewandt werden
sollte. Die beschmutzten Wäschestücke, in Sonderheit auch die
etwa vom Kranken oder dem Pflegepersonal benutzten Hand- und
Wischtücher, sollen sofort in einen im Krankenzimmer befindlichen
Kübel mit 5% Carbolsäurelösung eingelegt werden. Die Unter-
betten sind durch Gummiunterlagen oder im Nothfalle durch
mehrfache Lagen dicken Papiers, das später verbrannt wird, zu
schützen.

Stirbt der Kranke oder wird er in das Choleralazareth ver-
bracht oder ist er wieder genesen, so ist unter Controle der Poli-
zeibehörde oder der Sanitätscommission eine Desinfection der
Wohnung und der Effecten nach den weiter unten angegebenen Grundsätzen zu veranlassen.

An Choleraleichen soll die sonst übliche Leichenwaschung
unterlassen werden. Die Leichen sind in Tücher, welche mit
Desinfectionsflüssigkeit (am besten 1%₀₀ Sublimatlösung) getränkt
sind, einzuschlagen und möglichst bald in einen gut verpichten,

undurchlässigen Sarg zu legen, welcher alsbald zu schliessen ist,
damit nicht etwa durch Insekten eine weitere Verschleppung des
Krankheitsgiftes stattfindet. Die Bestattung hat mit Abkürzung
der sonst üblichen Frist zu erfolgen, unter Vermeidung einer grösseren Menschenversammlung im Sterbehause. Wo Leichenhallen bestehen, ist eine Ueberführung der Leichen nach denselben gleich
nach der Einsargung anzustreben. Eventuell würden bei einer
Choleraepidemie noch besondere Leichenhallen und Kirchhöfe anzulegen sein.

Die öffentlichen Desinfectionsanstalten würden, am
besten unentgeltlich, mittelst strömenden Wasserdampfes die Desinfection von Gegenständen, wie Betten, Matratzen u. s. w. auszuführen haben, welche auf andere Weise kaum zu desinficiren sind.
Die Desinfectionsobjecte würden in geschlossenen Kastenwagen
zur Anstalt zu bringen sein, woselbst dann gleichzeitig eine Desinfection des Kastens auszuführen ist.

Leder (mit Ausnahme des sämisch gegerbten) und Pelzwerk
werden durch die Desinfection mit strömendem Wasserdampf ver-
dorben, es bleibt für die genannten Gegenstände nur ein Abwaschen mit desinficirenden Lösungen oder ein längeres Aus-
trocknen übrig. Werthlose Gegenstände, wie alte Kleider, alte
Strohsäcke u. dgl. sollten verbrannt werden.

An Glas- oder Metallgegenständen kann eine Desinfection
durch trockene Erhitzung (1 Stunde lang 160° C) mit Erfolg ausgeführt werden.

Hinsichtlich der Desinfection von Zimmern ist von den
früher üblichen Räucherungen und Schwefelungen abzusehen, da
deren Unwirksamkeit, wenigstens gegenüber den widerstandsfähi-
geren Krankheitsstoffen, nachgewiesen worden ist[1]), während
sonst wirksam desinficirende Gase, wie Chlor und Brom nicht genügend in Spalten und Falten eindringen[2]). Für die Zimmer-
desinfection empfiehlt sich demnach ein Abwaschen des Bodens,
eventuell auch der Wände mit Sublimat- oder Carbolsäurelösun-
gen. Von französischer Seite[3]) wird für diesen Zweck besonders

---

[1]) Wolffhügel, Ueber den Werth der schwefligen Säure als Desinfectionsmittel. Mittheilungen aus dem Kaiserlichen Gesundheitsamte
1881. I. S. 188.

[2]) Fischer u. Proskauer, ibidem 1884. II. S. 228.

[3]) Vallin, Instruction sur les précautions etc. en cas d'épidémie de
choléra. Paris 1884.

die Verwendung von Chlorkalk- oder Kupfersulfatlösungen empfohlen. Der Fussboden würde hernach zweckmässig neu mit Oelfarbe zu streichen, die Wände neu zu tapezieren oder zu weissen sein.

Wie übrigens Koch[1]) hervorhebt, dürfte, wie für grössere Möbel, so auch für die Krankenzimmer eine längere Lüftung und Austrocknung, eventuell durch Heizung unterstützt, das geeignetste Desinfectionsverfahren sein. Es würde sich jedenfalls empfehlen, diese Frist nicht unter 14 Tagen festzusetzen.

In gleicher Weise würden öffentliche und private Fuhrwerke, welche an Stelle der zu diesem Zwecke bestimmten Transportmittel nachweislich zu einem Transport Cholerakranker benutzt worden sind, ausser Gebrauch zu setzen sein.

Die Gefahr einer Verbreitung der Seuche von ausgesprochenen Cholerafällen aus ist geringer anzuschlagen und leichter zu bekämpfen, als die nicht controlirbare Verschleppung des Krankheitsgiftes durch ambulante Personen, welche an Choleradiarrhoe leiden und die Krankheitserreger in ihren Dejectionen hier und dort deponiren können. In dieser Hinsicht ist von jeher den öffentlichen Bedürfnissanstalten, den Abtritten in Bahnhöfen und Gasthäusern eine besondere Aufmerksamkeit gewidmet worden. Wiewohl Koch eine Desinfection der Abtritte für überflüssig erklärt, da die Cholerabacillen bald von den Fäulnissbacillen überwuchert und vernichtet würden, so möchte doch an der Zweckmässigkeit einer Desinfection, soweit es sich nicht um Wassercloset sondern um Abtrittsgruben handelt, festzuhalten sein, da in diesen zunächst keine innige Mischung der vorhandenen schon fauligen Materien mit den etwaigen Choleradejectionen stattzufinden braucht, und da von der Oberfläche des Grubeninhalts oder des Fallrohrs eine Verschleppung des Krankheitsgiftes durch die an diesen Orten so zahlreichen Fliegen sehr naheliegend erscheint.

In vielen Fällen wird es zweckmässig sein, die Abtrittsgruben mit ihren schwer desinficirbaren Fallrohren zu schliessen und durch „Cholerakübel" (fosses mobiles) zu ersetzen, in welchen die Dejectionen sofort von der Desinfectionsflüssigkeit aufgenommen werden. Auch die fahrenden Aborte der Eisenbahnen sollten mit solchen unten angehängten Kübeln versehen werden.[2])

---

[1]) II. Chol. Conf. S. 53.

[2]) Sonderegger, Zum Schutze gegen die Cholera. St. Gallen 1883.

Die Fürsorge der Sanitätspolizei und die Thätigkeit der Sanitäts-Commissionen hat sich weiter darauf zu erstrecken, dass nicht durch vermeidbare Ansammlungen von Unrath aller Art, durch stagnirende Wasserläufe u. dgl. den Cholerakeimen eine geeignete Stätte zu einer ektogenen Existenz und Wucherung dargeboten wird, in Sonderheit wird aber darüber zu wachen sein, dass nicht etwa, wie es in Genua bei der Aqua Nicolay nach Klebs' Angabe[1]) der Fall war, die zur Speisung einer Wasserleitung benutzten Wasserläufe durch Benutzung für Cholerawäsche einer Inficirung ausgesetzt werden. Bei solchem Vorkommniss allerdings muss eine sonst für die Assanirung und Immunmachung eines Ortes wesentliche Einrichtung, wie die Wasserleitung, einen besonders günstigen Factor zur epidemischen Verbreitung der Seuche abgeben. Die Benutzung etwa neben der Wasserleitung noch vorhandener Brunnen würde, auch hinsichtlich der Verwendung als Nutzwasser, zu inhibiren sein, da gerade zur heissen Sommerszeit die Versuchung sehr nahe liegt, an Stelle des leider mehr oder weniger durchwärmten Leitungswassers, das kühlere erfrischend schmeckende Wasser selbst anerkannt schlechter Brunnen in Benutzung zu ziehen.

Die zur Zeit einer Epidemie vorhandene Gelegenheit und Gefahr einer Verschleppung des Krankheitsgiftes durch die möglicherweise inficirte Wäsche nicht ausgesprochen erkrankter Personen wird sich verringern lassen, wenn in der von Constant[2]) vorgeschlagenen Weise der Transport von Wäsche überhaupt nur in leicht desinficirbaren Säcken aus wasserdichten Stoffen, bezw. in geschlossenen Wagen gestattet wird. Jedem Wagen würde ein Gefäss mit desinficirender Flüssigkeit beizugeben sein, mit welcher die Wäscherin nach dem Hantiren mit der Wäsche sich die Hände zu desinficiren hat. Die Wäsche ist aus ihrem Behälter unmittelbar in heisses Wasser zu thun, darf jedenfalls ohne nachweisliche Desinfection nicht in Trögen oder Wasserläufen kalt gewaschen werden.

Die Ueberwachung des Verkehrs, deren Nothwendigkeit schon gelegentlich der vorbeugenden Maassregeln betont worden ist,

---

[1]) Klebs, Ueber Cholera asiatica. Breslau 1885. S. 5.
[2]) Constant, Sur les chances de transmission des mal. infect. par le linge sale transporté par les blanchisseuses; ref. in Arch. f. Hyg. 1886. S. 116.

hat sich während der Epidemie besonders auf die Vagabondage, auf Asyle, Pennen und auf Herbergen geringerer Gattung zu erstrecken. Eine besondere sanitätspolizeiliche Beaufsichtigung der aus Choleragegenden zugereisten Ankömmlinge während der ersten Woche ihres Aufenthalts, wie sie in einem Erlass des Königlich württembergischen Ministeriums vom 12. Juli 1884[1]) anempfohlen wird, dürfte nur in kleinen Verhältnissen durchführbar sein und leicht zu unnöthigen Belästigungen der Reisenden führen. Sie würde daher zweckmässig, wie dies in dem angezogenen Erlass bezüglich grösserer verkehrsreicher Städte empfohlen wird, durch die Ausdehnung der Anzeigepflicht auf die Gastwirthe, wie in Preussen seit 1835 vorgeschrieben ist[2]), ersetzt werden.

Behufs Verhinderung einer Weiterverbreitung durch den Flussschifffahrts-Verkehr sind in § 28 und 29 des Preussischen Regulativs Bestimmungen über Revisionen des Gesundheitszustandes, Isolirung und Observirung kranker oder verdächtiger Schiffer und ihrer Fahrzeuge gegeben. Durch Belehrung, Verbot und polizeiliche Aufsicht würde man dafür zu sorgen haben, dass nicht von den Schiffen aus, wie dies so nahe liegt, Choleradejectionen undesinficirt in den Fluss gelangen.

Ohne besondere Sperrmaassregeln wird zu Cholerazeiten ein unnöthiger Verkehr bestimmter Gesellschaftsklassen zwischen inficirten und cholerafreien Ortschaften sich verhindern lassen. So wird man den Schulbesuch der Kinder von verschont gebliebenen Orten, den sonntäglichen Massenurlaub der Soldaten u. dgl. nach inficirten Nachbardörfern beschränken. Bei Truppendislocationen, welche gerade zu Zeiten einer Epidemie angezeigt sein können, um einen ausgebrochenen Seucheherd zu räumen, wird eine besondere Vorsicht dahin zur Geltung kommen müssen, dass nicht von den inficirten Truppen aus eine Weiterverbreitung der Seuche in cholerafreie Gegenden stattfinde. Innerhalb der Truppenkörper selbst, bei denen ja durch die Anhäufung von Menschen ein besonders günstiges Verhältniss zur Ausbreitung epidemischer Krankheiten gegeben ist, — ein Moment, das andererseits durch die stete ärztliche Ueberwachung in seiner Bedeutung abgeschwächt wird, — hat eine dauernde Fürsorge für die Beschaffenheit des Trink-

---

[1]) Regulativ vom 28. October 1835, § 9.
[2]) Viertelj. f. öff. Gesundheitspfl. Bd. XVI. S. 638.

wassers und der Nahrung, für Unschädlichmachung der Abfälle, möglichste Berücksichtigung der Anforderungen der Hygiene bei den militärischen Uebungen, zweckentsprechende Belehrung der Officiere und Mannschaften, frühzeitiges Nachsuchen ärztlicher Hilfe bei Uebelbefinden, sofortige Isolirung etwaiger Kranken und Schutz der Gesunden durch Vernichtung oder Desinfection inficirter oder verdächtiger Gegenstände Platz zu greifen. Die cholerakranken Militairs sind nicht in die Garnisonlazarethe, sondern in die eigens dazu eingerichteten Cholera-Spitäler zu überführen, welche ja gewöhnlich unter gemeinsamer Mitwirkung der Civil- und Militärbehörden bereitgestellt werden.

Die Fürsorge für die ungünstiger situirten Klassen hat in der schon oben angedeuteten Weise durch Gewährung geeigneter Unterkunftsräume, dann aber in Beschaffung zweckmässiger Nahrungsmittel und frühzeitiger ärztlicher Hilfe zu erfolgen. In dieser Hinsicht haben in Deutschland in früheren Epidemien Suppenanstalten und Volksküchen, in Marseille noch während der letzten Epidemie die fourneaux économiques[1]), welche der ärmeren Bevölkerung kräftige Nahrungsmittel zum sofortigen Genuss oder als Rationen zur Verwendung im Haushalt unentgeltlich verabreichten, trotz mancherlei Missbrauchs, sich vortrefflich bewährt.

Zur Sicherung der ärztlichen und arzeneilichen Hilfe kann man Hilfsstationen anlegen, entweder als selbstständige Sanitätswachen oder im Anschluss an Bahnhöfe, Polizeistationen, Feuerwehrdepots, von welchen her den Bedürftigen sofortige Hilfe und Gewährung von Arzenei und diätetischen Mitteln (Wein u. s. w.) „ohne alle Weitläufigkeiten und ohne den Makel der Armenunterstützung"[2]) zu Theil werden kann.

Der Wunsch, den ärmeren Klassen zu Cholerazeiten Schutz und frühzeitige Hilfe zu bieten und auf diese Weise einer vielleicht unbemerkten Ausdehnung der Seuche vorzubeugen, hat ferner einen Ausdruck gefunden in den sogenannten „Haus-bei-Haus-Besuchen", zu welchen die erste Anregung von der Königlich Bayerischen Regierung[3]) durch ihre Verordnung vom 10. September 1836

---

[1]) Mireur, Étude historique et pratique sur la prophylaxie et le traitement du choléra etc. Paris 1884. S. 90.

[2]) Erlass des Schweizerischen Bundesrathes v. 4. Juli 1884, betr. Maassnahmen gegen die Cholera. Viertelj. f. öff. Gesundheitspfl. Bd. XVI. S. 640.

[3]) Freymuth, Giebt es ein practisch bewährtes Schutzmittel gegen die Cholera? Berlin 1875.

„Die prophylaktischen Maassregeln gegen die morgenländische Brechruhr betreffend" gegeben wurde. Die Aufgabe der Haus-bei-Haus-Besucher besteht einerseits in materieller und werkthätiger Unterstützung auch der verschämten Armen, welche Zartgefühl vom Nachsuchen fremder Hilfe abhält, andererseits in der Kenntnissnahme und Hebung hygienischer Missstände in Haus und Hof, endlich in der frühzeitigen Erkennung, bezw. Behandlung etwaiger Erkrankungen. Die Besuchscommission soll womöglich aus einem Arzte, in Ermangelung dessen aus einem ärztlich geschulten Geistlichen oder dgl., und aus zwei Gehilfen bestehen und die Familien ihres Bezirks wenigstens täglich einmal besuchen. Die Schwierigkeit, die nöthige Anzahl von Aerzten zu beschaffen, will Freymuth dadurch beseitigen, dass der Staat, wenigstens zu Friedenszeiten, die Militärärzte und Lazarethgehilfen aus cholerafreien Gegenden zur Disposition stellen solle. — So gesund der Gedanke der Haus-bei-Haus-Besuche ist, so dürfte sich doch eine Verallgemeinerung derselben etwa in der von Freymuth geplanten Weise nicht durchführen lassen, sondern würden ihre Zwecke und Aufgaben sich geeigneter durch eine Erweiterung schon bestehender Einrichtungen, z. B. der Revier-Sanitäts-Commissionen erfüllen lassen.

Schliesslich sei noch der von einigen Seiten empfohlenen medicamentösen Prophylaxe gegen die Cholera Erwähnung gethan.

Wenn es gewiss wünschenswerth ist, dass zu Cholerazeiten jede Störung des Wohlbefindens, speciell des Verdauungsapparats sofort diätetisch und arzeneilich bekämpft werde, so erscheint es dagegen durchaus nicht angebracht, eine allgemeine, schablonenmässige Verwendung irgend welcher „Choleratropfen" oder der Präparate, welche anerkanntermaassen eine deletäre Wirkung auf die Cholerabacillen ausüben, der Mineralsäuren [1]), oder der von Klebs [2]) empfohlenen collodirten Dünndarmpillen mit Benzolkör-

---

[1]) Rossbach (Ziemssens Handb. 3. Aufl. II, 2. S. 297) schlägt vor, dass zur Zeit einer Choleraepidemie Jedermann als ein billiges und leicht zu beschaffendes Prophylacticum ein Fläschchen Salzsäure bei sich tragen solle, von welcher unmittelbar nach jedem Essen und Trinken, später in stündlichen Intervallen, 8—10 Tropfen in einer entsprechenden Wassermenge eingenommen werden sollen.

[2]) Klebs, l. c. S. 16.

pern, oder des schon früher von Burq[1]) und auch neuerdings
wieder von französischer Seite gepriesenen Kupfers zu befürworten.

Auch die von Cantani[2]) empfohlene, auf die nachweislich
cholerabacillentödtende Fähigkeit der Gerbsäure basirte Anwendung der heissen gerbsauren Enteroklyse (Klystiere von $1\frac{1}{2}-2$
Liter einer 40° C warmen 1% Tanninlösung), welche beim Choleraanfall von schätzenswerthen Erfolgen begleitet gewesen zu
sein scheint, dürfte als allgemeines Prophylacticum, das immerhin
eine recht energische Durchführung erfordern würde, um den etwa
per os eingeführten Cholerabacillen wirksam zu begegnen, schwerlich die vom Urheber dieser Methode gewünschte Verbreitung
erfahren.

Duboué[3]), von der relativen Immunität ausgehend, welche
bekanntlich die Lohgerber mehrfach bei Choleraepidemien gezeigt haben, hat die diätetische innerliche Verabreichung von
Gerbsäure (für den Erwachsenen 0,6 pro die, in Gestalt von 4 Ess-
löffeln einer 1% Lösung des reinen, nach dem Pelouze'schen
Verfahren mit Aether hergestellten Tannins), von welcher er sich
eine seuchefest machende Einwirkung auf das Epithel der Verdauungswege verspricht, empfohlen.    Mag ein solcher fortge-
setzter Genuss eines Arzeneistoffes nach Duboué's Erfahrungen
immerhin von einer Zahl von Personen ertragen worden sein, ohne
dass lästige oder erhebliche unbeabsichtigte Nebenwirkungen und
Verdauungsstörungen eintraten, so dürfte der prophylactische
Schutz wohl in angenehmerer und ebenso sicherer Weise, wenn
auch weniger wohlfeil, durch den mässigen diätetischen Genuss
von (tanninhaltigem) Rothwein erzielt werden.

Schliesslich sei der Vollständigkeit wegen auch noch der pro-
phylactischen Impfungen gedacht, welche gelegentlich der
letzten Choleraepidemie in Spanien von Ferran ausgeführt wurden
und, wenn auch nur vorübergehend, ein gewisses Aufsehen wenigstens beim Laienpublikum erregten.    Diese Impfungen bestanden in
wiederholten intramusculären bezw. subcutanen Einspritzungen einer
Kultur von Cholerabacillen in einer Bouillon, welche wahrschein-

---

[1]) Burq, Du cuivre contre le choléra et la fièvre typhoïde, préservation
et traitement. Paris 1884. Du cuivre contre le choléra etc. Paris 1867.

[2]) Deutsche med. Wochenschr. 1886. No. 45.

[3]) Duboué, Traitement prophylactique et curatif du choléra asiatique.
Paris 1885.

lich einen Zusatz von Galle enthielt. Der Versuch, eventuell auf
dem Wege einer Schutzimpfung, die sich ja bei anderen Infectionskrankheiten erfolgreich erwiesen hat, auch eine Sicherung vor der
Cholera zu erzielen, dürfte nicht ungerechtfertigt erscheinen, vorausgesetzt dass bei der Ausführung derselben wissenschaftliche Grund-
sätze zur Geltung kommen, eine Forderung, welcher bei den Ferran'schen Impfungen nicht Genüge geschehen ist.[1]) Es hat sich
denn auch die völlige Unwirksamkeit der Impfungen herausgestellt,
indem sowohl bei van Ermengem's Versuchen an Meerschweinchen sich auf diesem Wege keine Immunität gegen eine nachherige
Infection von den Verdauungswegen aus erzielen liess, während
andererseits, wie die Thatsachen lehrten, auch die von Ferran
geimpften Menschen von der Seuche nicht verschont blieben.

Es erübrigt noch darauf hinzuweisen, dass zu Zeiten einer
Epidemie durch die regelmässige Veröffentlichung officieller, der
thatsächlichen Lage entsprechender Berichte über den Stand der
Seuche am besten etwaigen Uebertreibungen von Seiten einer
sensationslustigen Presse, sowie der Verbreitung einer unbegrün-
deten Panik vorgebeugt werden kann.

## Gesammtergebniss.

Die Cholera ist eine mit starkem Erbrechen, profusen Durchfällen und hoher Mortalitätsziffer einhergehende Infectionskrankheit. Als ihre specifischen Krankheitserreger sind bestimmte
Mikroorganismen, die Koch'schen Cholerabacillen erkannt, durch
deren Nachweis die Differenzialdiagnose mit Sicherheit gestellt
werden kann.

Die Cholerabacillen sind befähigt auch ausserhalb des
menschlichen Körpers im Boden, im Wasser, auf Nahrungsmitteln,
auf feuchten Stoffen überhaupt, ihr Leben zu fristen und sich
abhängig von der Temperatur, der Beschaffenheit des Mediums
und der Gegenwart concurrirender Mikroorganismen, zu vermehren. In trockenem Zustande sterben sie verhältnissmässig schnell
ab, indem sie unter natürlichen Bedingungen keine widerstandsfähigen Dauerformen zu bilden im Stande sind.

---

[1]) van Ermengem, Die Ferran'schen Impfungen. Deutsche med.
Wochenschr. 1885, No. 29.

Die Infection des Menschen kann nur durch stoffliche Uebertragung der Cholerabacillen in die Verdauungswege erfolgen und
setzt Bedingungen voraus, welche die Bacillen in lebensfähigem
Zustande durch den Magen bis in den Dünndarm passiren lassen
(individuelle Disposition).

Die Cholera ist endemisch nur in einem Theile Indiens, von
wo aus sie durch den menschlichen Verkehr, d. h. durch inficirte
Menschen oder feuchte Gegenstände verschleppt werden und dann
in andern Ländern und Erdtheilen zu einer epidemischen Verbreitung kommen kann. Für letztere ist das Vorhandensein einer
zeitlichen und einer örtlichen Disposition nothwendig, welche eine
ektogene Vermehrung der Keime und eine massenhafte Infection
der Menschen ermöglichen. Bei einer Choleraepidemie ist demnach die directe Uebertragung vom Kranken her als die seltenere,
die mittelbare Infection durch Trinkwasser, Nahrungsmittel u. dergl.
als die häufigere Ansteckungsweise zu erachten. Einen beachtens-
werthen Factor für die Verschleppung der Krankheitserreger,
wenigstens innerhalb der nächsten Umgebung, bilden die Insekten.

Die gegen eine Verbreitung der Cholera zu ergreifenden
Maassregeln sind begründet theils auf epidemiologische Erfahrungen, theils auf die Kenntniss des biologischen Verhaltens der
Cholerabacillen; sie bezwecken einerseits eine Einschleppung der
Seuche zu verhüten, andererseits eine weitere Ausdehnung der
eingeschleppten oder bereits zur Epidemie angewachsenen Krankheit zu bekämpfen.

Es kommen demnach in erster Reihe internationale Maassregeln in Betracht, wie Inspectionen und Quarantänen der Prove-
nienzen aus Indien am rothen, schwarzen und kaspischen Meere.

Weiterhin haben Inspectionen an den Landgrenzen, Inspectionen und Quarantänen an den Seegrenzen unseres Heimathlandes
statt zu finden.

Innerhalb des Landes selbst muss dauernd für eine Durchführung derjenigen hygienischen Verbesserungen gesorgt werden,
welche, wie eine gute Wasserversorgung, zweckmässige Beseiti-
gung der Abfälle, Reinhaltung von Grund und Boden überhaupt,
erfahrungsgemäss geeignet sind, eine Oertlichkeit immun zu machen.

Beim Herannahen der Cholera sind die zu ihrem Empfange
nöthigen Vorbereitungen zu treffen, ist für eine Herrichtung von
Choleralazarethen und Desinfectionsanstalten, für Designirung des

dazugehörigen Personals, Bereitstellung von Transportmitteln, Belehrung des Publikums, Constituirung der Sanitätscommissionen Sorge zu tragen.

Beim Ausbruche der Seuche selbst ist ein Hauptgewicht auf die frühzeitige Erkenntniss der ersten Fälle, dann auf ärztliche Behandlung und Isolirung der Kranken, auf eine Vernichtung der von Kranken und Leichen ausgehenden Ansteckungsstoffe zu legen, jede Gelegenheit zu einer ektogenen Existenz oder Vermehrung der Krankheitserreger, zu einer Verschleppung durch leichtkranke, ambulante Personen möglichst zu verhindern.

Bei der Durchführung dieser den Schutz der Gesunden bezweckenden Maassnahmen, sind eine Ueberwachung und gewisse Beschränkung des Verkehrs, sowie eine sanitätspolizeiche Controle der ungünstiger gestellten Classen, eine materielle Unterstützung derselben in ihrer socialen und hygienischen Nothlage von einer nicht zu unterschätzenden Bedeutung.

Die allgemeine Anwendung einer gegen die Krankheit gerichteten medicamentösen Prophylaxe ist nicht zu empfehlen, dagegen muss einer strengen Durchführung diätetischer Vorschriften die grösste Wichtigkeit beigelegt werden.

# Namenregister.

# Literaturnachweis.

*Almquist:* Thatsächliches und Kritisches zur Ausbreitungsweise der Cholera. Göteborg 1886.

*Babes:* Untersuchungen über Koch's Kommabacillus. Virch. Arch. Bd. 99, S. 148.

*de Bary,* in Virchow-Hirsch's Jahresbericht 1867 II. S. 240.

*Beobachtungen bayerischer Aerzte* über Cholera morbus. München 1832.

*Berichte der Choleracommission* für das Deutsche Reich. Berlin 1875—79.

*Berichte der deutschen wissenschaftlichen Commission zur Erforschung der Cholera.* 1883 u. 1884.

*Bitter:* Ueber die Fermentausscheidung des Koch'schen Vibrio der Cholera asiatica. Archiv für Hygiene. Bd. V.

*Blaschko:* Die Cholera, ihr Wesen, ihre Verbreitung und Verhütung. Berlin 1883.

*Boehm:* Die kranke Darmschleimhaut in der asiatischen Cholera. Berlin 1838.

*Bolton:* Ueber das Verhalten verschiedener Bakterienarten im Trinkwasser. Zeitschr. f. Hygiene. Bd. I. S. 76.

*Bonnafont:* Le choléra devant l'académie de médecine; la contagiosité et les quarantaines. Paris 1885.

*Buchner:* Beiträge zur Kenntniss des Neapeler Cholerabacillus u. einiger demselben nahestehender Spaltpilze. Arch. f. Hyg. 1885, S. 361.

*Buchner:* Ueber die Cholerauntersuchungen in Palermo. Aerztl. Intelligenzbl. 1885, No. 50.

*Buchner:* Ueber die Koch'schen und Finkler-Prior'schen „Kommabacillen". Sep.-Abdr.

*Buchner u. Emmerich:* Die Cholera in Palermo. Aerztl. Intelligenzbl. 1885, No. 44.

*Buchwald:* Der erste Cholerafall in Breslau im Jahre 1886. Bresl. ärztl. Zeitschr. 1886, No. 22.

*Bujwid:* Eine chemische Reaction für die Cholerabakterien. Zeitschrift für Hygiene Bd. II, S. 52.

*Burq:* Du cuivre contre le choléra et la fièvre typhoïde, préservation et traitement. Paris 1884.

*Cantani:* Giftigkeit der Cholerabacillen. Deutsche med. Woch. 1886, No. 45.

*Cantani:* Zur Behandlung des Cholera-Anfalles. Leipzig 1885.

*Carthey* u. *Dove,* in Virchow-Hirsch's Jahresbericht 1866 II. S. 199.

*Clarus:* Ansichten eines Vereins practischer Aerzte in Leipzig über die Verbreitung der asiatischen Cholera auf doppeltem Wege. Leipzig 1831.

*Cohn,* in den Berichten der schlesischen Gesellschaft 1868, S. 19.

*Conferenz zur Erörterung der Cholerafrage* 1884 u. 1885. Sep. Abdr. der Deutschen med. Wochenschrift.

*Cornil* u. *Babes:* Les bactéries et leur rôle dans l'anatomie et l'histologie pathologiques des maladies infectieuses. Paris 1885.

*Crocq,* in Virchow-Hirsch's Jahresbericht 1886 II. S. 210.

*Cunningham:* Cholera: what can the State do to prevent it? Calcutta 1884. Deutsch mit einem Vorwort von M. von Pettenkofer. Braunschweig 1885.

*Deneke:* Ueber eine neue den Choleraspirillen ähnliche Spaltpilzart. Deutsche med. Woch. 1885, S. 33.

*Dönitz:* Bemerkungen zur Cholerafrage. Zeitschrift f. Hygiene. I. Bd., 3. Heft.

*Drasche:* Vorschlag und Begründung einer in Wien baldigst abzuhaltenden internationalen Choleraconferenz. Wien 1873.

*Duboué:* Traitement prophylactique et curatif du choléra asiatique. Paris 1885.

*Eichhorst:* Cholera, Eulenbergs Realencyclopaedie Bd. III.

*Emmerich:* Untersuchungen über die Pilze der Cholera asiatica. Archiv für Hygiene 1885, S. 291.

*Erlass des königl. preussischen Ministers* der geistlichen, Unterrichts- und Medicinalangelegenheiten und des Ministers für Handel und Gewerbe vom 5. Juli 1883, betr. die gesundheitspolizeiliche Controle der einen preussischen Hafen anlaufenden Seeschiffe. Deutsche Vierteljahrsschrift für öffentliche Gesundheitspflege, Bd. XV, S. 689.

*Erlass des königl. preussischen Ministers* der geistlichen, Unterrichts-
und Medicinal-Angelegenheiten und des Ministers für Handel
und Gewerbe vom 11. Juli 1883, betr. Desinfection von Sce-
schiffen, welche gemäss Verordnung vom 5. Juli 1883 zu desinficiren sind. Ibidem S. 693.

*Erlass des königl. preussischen Ministers* der geistlichen, Unterrichts-
und Medicinal-Angelegenheiten und des Ministers für Handel
und Gewerbe vom 25. September 1886, betr. die asiatische
Cholera. Ibidem Bd. XIX, S. 172.

*Erlass königl. preussischen Ministeriums* der geistlichen, Unterrichts-
und Medicinal-Angelegenheiten vom 19. Juli 1883, betr. prophylactische Maassregeln gegen die Cholera. Ibidem Bd. XV, S. 377.

*Erlass königl. preussischen Ministeriums* der geistlichen, Unterrichts-
und Medicinal-Angelegenheiten vom 14. Juli 1884 betreffend
Maassregeln zur Abwehr der Choleragefahr. Ibidem Bd. XVI,
S. 631.

*Erlass königl. preussischen Ministeriums* der geistlichen, Unterrichts-
und Medicinal-Angelegenheiten vom 24. September 1886, betr.
die asiatische Cholera. Ibidem Bd. XIX, S. 171.

*Erlass königl. preussischen Kriegsministeriums* vom 26. August 1884,
betr. Choleramaassregeln in der Armee. Ibidem Bd. XVII, S. 173.

*Erlass königl. bayerischen Ministeriums* des Innern vom 11. Juli 1884,
betr. Maassregeln zur Abwehr der Choleragefahr. Ibid. Bd. XVI,
S. 637.

*Erlass königl. bayerischen Staatsministeriums* vom 5. October 1886,
betr. Maassregeln gegen die asiatische Cholera. Ibidem Bd. XIX,
S. 174.

*Erlass königl. sächsischen Ministeriums* des Innern vom 22. September 1886, betr. Vorbeugungsmaassregeln gegen die Cholera.
Ibidem Bd. XIX, S. 173.

*Erlass königl. württembergischen Ministeriums* vom 12. Juli 1884,
betr. Maassregeln wider die Cholera. Ibidem S. 638.

*Erlass königl. württembergischen Ministeriums* vom 2. August 1884,
betr. Maassregeln wider die Cholera. Ibidem Bd. XVII, S. 163.

*Erlass des schweizerischen Bundesrathes* vom 4. Juli 1884, betr.
Maassnahmen gegen die Cholera. Ibidem S. 639.

*Erlass des schweizerischen Bundesrathes* vom 25. Juli 1884, betr.
Instruction für die schweizerischen Cholera-Experten. Ibidem
Bd. XVII, S. 181.

*van Ermengem:* Contribution à l'étude du mierobe du choléra asiatique. Recherches sur un microorganisme déeouvert par Mm. Finkler et Prior dans le eholéra sporadique. Bruxelles 1885.

*van Ermengem:* Reeherehes sur le mierobe du choléra asiatique. Bruxelles 1885.

*van Ermengem:* Die Ferran'schen Impfungen. Deutsche medicin. Woehensehr. 1885, No. 29.

*Fauvel:* Le Choléra, étiologie et prophylaxie, exposé des travaux de la conférence sanitaire internationale de Constantinople. Paris 1868.

*Ferran:* Ueber die Morphologie des Kommabacillus. Zeitsehr. f. klin. Med. IX, S. 361.

*Finkler* u. *Prior:* Forschungen über Cholerabakterien. Bonn 1885.

*Förster:* Die Verbreitung d. Cholera durch die Brunnen. Breslau 1873.

*Fourcault:* Influence des conditions géologiques et hydrologiques sur la marehe du eholéra en France. Gaz. méd. de Paris 1849. No. 18 u. 19.

*Frank:* Die Cholera-Prophylaxis in München. München 1875.

*Frankland:* On the multiplieation of micro-organisms. Proceedings of the Royal Society, No. 245, 1886.

*Freymuth:* Giebt es ein praktiseh bewährtes Schutzmittel gegen die Cholera? Versueh zur Rettung der Haus-zu-Hausbesuehe. Berlin 1875.

*Gaffky:* Die Cholerafälle in Gonsenheim und Finthen im Jahre 1886. Arbeiten aus dem Kaiserl. Gesundheitsamte, Bd. II, 1. Heft. Berlin 1887.

*Gesetz-Sammlung* für die Königlichen Preussischen Staaten. 1835.

v. *Gietl:* Die Ergebnisse meiner Beobachtungen über die Cholera vom Jahre 1831—1874 in aetiologiseher und practischer Beziehung. München 1874.

v. *Gietl:* Die Grundzüge meiner Lehren über Cholera und Typhus. München 1875.

*Griesinger:* Infectionskrankheiten. Virehow's Handb. der Pathol. u. Ther. 1857, II, 2.

*Griesinger,* v. *Pettenkofer, Wunderlich:* Choleraregulativ. München 1866.

*Gruber:* Bakteriologisehe Untersuchung von eholeraverdächtigen Fällen unter ersehwerenden Umständen. Wien. med. Wochensehrift 1887, No. 7 u. 8.

*Guttmann* u. *Neumann:* Zur Lebensdauer der Cholerabacillen. Berliner klin. Woch. 1885, S. 801.

*Hallier:* Das Choleracontagium. Leipzig 1867.

*Hergt* u. *Sommerschu:* Berichte über Cholera morbus. Karlsruhe 1831.

*Hirsch:* Handb. der historisch-geographischen Pathologie. 2. Bearbeitung. Stuttgart 1881. I.

*Hirsch:* Ueber Verhütung und Bekämpfung der Volkskrankheiten, mit specieller Beziehung auf die Cholera. Berlin 1875.

*Hirsch:* Ein Wort zur Cholerafrage. Berl. klin. Wochenschr. 1887, No. 7.

*Hochstetter:* Ueber Mikroorganismen im natürlichen Selterwasser, nebst einigen vergleichenden Untersuchungen über ihr Verhalten im Berliner Leitungswasser und in destillirtem Wasser. Arbeiten aus dem Kaiserl. Gesundheitsamte Bd. II, 1. Heft.

*Hoffmann:* Arsenikvergiftung. Virchow's Archiv, Bd. 50, S. 455.

*Hueppe:* Ueber die Dauerformen der sogenannten Kommabacillen. Fortschr. der Medicin, 1885, S. 619.

*Klebs:* Ueber Cholera asiatica; nach Beobachtungen in Genua. Basel 1885.

*Klob:* Pathologisch anatomische Studien über das Wesen des Choleraprocesses. Leipzig 1867.

*Koch, Skrzeczka, v. Pettenkofer:* Belehrung über das Wesen der Cholera und das Verhalten während der Cholerazeit. Deutsche Vierteljahrsschr. f. öffentl. Gesundheitspfl. Bd. XVI, S. 645.

*Küchenmeister:* Handbuch der Lehre von der Verbreitung der Cholera und von den Schutzmaassregeln gegen sie. Erlangen 1872.

*Kuisl:* Beiträge zur Kenntniss der Bakterien im normalen Darmtractus. Aerztl. Intelligenzbl. 1885, No. 36 u. 37.

*Lehmann:* Die Cholera und die modernen Choleratheorien. Biologisches Centralblatt. V. Bd. No. 17 u. 18.

*Lewis* u. *Cunningham*, Ref. in Centralblatt f. d. med. Wissensch. 1843, S. 329.

*Liborius:* Beiträge zur Kenntniss des Sauerstoffbedürfnisses der Bakterien. Zeitschr. für Hygiene, Bd. I, S. 115.

*Lichtenstein:* Neuer Beitrag zur Cholera. Aetiologisches und Therapeutisches. Berlin 1860.

*Lichtenstein:* Die Cholera. Einiges Wissenswerthe über etc. Sep. Abdr. Berlin 1866.

*Lichtenstein:* Neuer Vorschlag zur localen Prophylaxis bei drohender Cholera-Epidemie. Sep.-Abdr. Berlin 1867.

*Macnamara:* A history of asiatic cholera. London 1876.

*Macpherson:* Annals of cholera from the earliest periods to the year 1817. London 1884.

*Macpherson:* Cholera in its home with a sketch of the pathology and treatment of the disease. London 1866.́

*Magendie:* Leçons sur le choléra morbus, faites au collége de France. Paris 1832.

*Marx:* Die Erkenntniss, Verhütung und Heilung der ansteckenden Cholera. Karlsruhe 1832.

*Marpmann:* Die Verbreitung von Spaltpilzen durch Fliegen. Archiv für Hygiene, Bd. II, S. 360.

*Meklenburg:* Was vermag die Sanitätspolizei gegen die Cholera? Berlin 1854.

*Messerschmidt:* Beweissführung, dass die Häusersperre als Abwehrungsmittel gegen die Verbreitung der asiatischen Cholera nicht allein nicht nützt, sondern vielmehr schädlich und darum zu unterlassen ist. Naumburg 1831.

*Meyer, Joseph:* Impfversuche mit dem Blute u. den Ausleerungen Cholerakranker (Sep. Abdr.).

*Meyhöfer:* Section eines Falles von Cholera nostras. Deutsche med. Wochenschrift 1885, S. 193.

*Miller:* Demonstration von Bacillen der Mundhöhle. Deutsche med. Wochenschrift 1885, S. 246.

*Mireur:* Étude historique et pratique sur la prophylaxie et le traitement du choléra etc. Paris 1884.

*Namias* u. *Tommasi-Crudeli:* Cosa si può fare in tempo di colera. Tre conferenze. Milano 1884.

*Nedswetzky:* Zur Mikrographie der Cholera. Dorpat 1874.

*Nicati* u. *Rietsch:* Recherches sur le choléra. Rev. de méd. 1885, No. 6.

*Nicati* u. *Rietsch:* Expériences sur la vitalité du bacille-virgule cholérigène. Rev. d'hygiène et de police sanitaire. 1885, No. 5, S. 353.

*Nicati* u. *Rietsch:* Recherches sur le choléra. Paris 1886.

*Nicati* u. *Rietsch:* Odeur et effets toxiques des produits de la fermentation produite par les bacilles en virgule. Comptes rend. Bd. 99, S. 928.

*v. Niemeyer-Seitz:* Lehrb. der Pathologie u. Therapie. 1879, II.

*Oser,* in Virchow-Hirsch's Jahresbericht, 1867 II. S. 228.

*Pacini:* Del processo morboso del colera asiatico, del suo stadio di morte apparente e della legge matematica da cui è regolato. Memoria. 2. edizione. Firenze 1880.

*Pettenkofer:* Untersuchungen über die Verbreitungsart der Cholera, nebst Betrachtungen über Maassregeln, derselben Einhalt zu thun. München 1855.

*Pettenkofer:* Zur Frage über die Verbreitungsart der Cholera. Entgegnungen und Erläuterungen zu seiner Schrift „Ueber die Verbreitungsart der Cholera." München 1855.

*v. Pettenkofer:* Boden u. Grundwasser in ihren Beziehungen zu Cholera und Typhus (Sep. Abdr.). München 1869.

*v. Pettenkofer:* Verbreitungsart der Cholera in Indien. Braunschw. 1871.

*v. Pettenkofer:* Künftige Prophylaxis gegen Cholera, nach den Vorschlägen des Dr. Frank besprochen. München 1875.

*v. Pettenkofer:* Neun aetiolog. und prophylact. Sätze aus den amtlichen Berichten über die Choleraepidemien etc. Braunschweig 1877.

*v. Pettenkofer:* Die Entdeckung des Cholerapilzes. München 1884.

*v. Pettenkofer:* Zum gegenwärtigen Stand der Cholerafrage. Archiv für Hygiene. Bd. V, 1. Heft.

*Pfeiffer,* Deutsche med. Wochenschrift 1887. No. 2.

*Pfeiffer,* Zeitschrift für Hygiene I, S. 398.

*Pochl:* ·Ueber einige biologisch-chemische Eigenschaften der Mikroorganismen im Allgemeinen und über die Bildung der Ptomaïne durch die Cholerabacillen im Speciellen. Petersburger med. Wochenschr. 1886 No.

*Pouchet:* Infusoires dans les déjections des cholériques. Comptes rendus 1849, II, S. 555.

*Pouchet:* Sur la présence des sels biliaires dans le sang des cholériques et sur l'existence d'un alcaloïde toxique dans les déjections. Comptes rend. 1884, II. S. 847.

*Pouchet:* Sur les modifications qui se produisent dans la composition chimique de certaines humeurs sous l'influence du choléra épidémique. Comptes rend. 1885, I. S. 220.

*Pouchet:* Sur une Substance alcaloïdique extraite de bouillons de culture du microbe de Koch. Comptes rend. 1885, II. S. 510.

*Protocoles et procès-verbaux de la conférence sanitaire internationale de Rome.* Rome 1885.

*Proust:* Le choléra, étiologie et prophylaxie. Paris 1883.

*Ranke:* Cholera-Infectionsversuche an weissen Mäusen (Sep.-Abdr.). München 1874.

*Regulativ, preussisches,* vom 28. October 1835.

*Ribbert:* Einige neuere Mittheil. über die pathol. Anatomie der Cholera. Deutsche med. Woch. 1886, Nr. 10.

*Riecke:* Mittheilungen über die morgenländische Brechruhr. Stuttgart 1831/32.

*Rossbach:* Cholera indica und Cholera nostras. Ziemssen's Handb. 3. Aufl. II, 2.

*Rust:* Einiges über die Cholera. Berlin 1832.

*Sammlung* der von den Regierungen der Deutschen Bundesstaaten ergangenen Verordnungen u. Instructionen wegen der asiatischen Brechruhr. Frankfurt a. M. 1831.

*Schauenburg:* Ueber Cholera und die Principien der Mittel zu ihrer Bekämpfung. Würzburg 1874.

*Schlusssätze des ärztlichen Vereins zu München,* Cholera-Prophylaxis betreffend (Sep.-Abdr.). München 1875.

*Schneider:* Verbreitung und Wanderung der Cholera. Tübingen 1877.

*Schnurrer:* Die Cholera morbus, ihre Verbreitung etc. Stuttgart 1831.

*Schottelius:* Zum mikroskopischen Nachweis von Cholerabacillen in Dejectionen. Deutsche med. Woch. 1885, Nr. 14, S. 213.

*Schweizerisches Bundesgesetz* vom 2. Juli 1886, betr. Maassnahmen gegen gemeingefährliche Epidemien. Deutsche Vierteljahrsschr. für öffentl. Gesundheitspflege. Bd. XIX, S. 175.

*v. Schlen:* Bemerkungen über das mikroskopische Verhalten der sogenannten „Neapler“ Bakterien in den Organen von Cholera asiatica. Aerztl. Intelligenzbl. 1885, No. 50.

*v. Sigmund:* Die Cholera u. die Quarantainefrage vor den internationalen Sanitätsconferenzen. Deutsche Vierteljahrsschr. f. öffentl. Gesundheitspfl. Bd. VIII., Heft 2.

*Sonderegger:* Zum Schutze gegen die Cholera. St. Gallen 1884.

*Stecher:* Zum Schutze des Einzelnen vor der Cholera. München 1884.

*Thiersch:* Infectionsversuche an Thieren mit dem Inhalte des Choleradarms. München 1855.

*Tizzoni* u. *Cattani:* Untersuchungen über Cholera. Centralblatt für die med. Wissensch. 1886, No. 43.

*Untersuchungsplan zur Erforschung der Ursachen der Cholera* und deren Verhütung. Denkschr. der Chol.-Commission des Deutschen Reiches 1873.

*Vallin:* Instruction sur les précautions et les mesures hygiéniques à prendre en cas d'épidémie de choléra (Extrait). Paris 1884.

*Verhandlungen über Cholera* im ärztlichen Verein zu München 1885.

*Villiers:* Sur la formation des ptomaïnes dans le choléra. Comptes rendus Bd. 100, S. 91.

*Virchow:* Arsenikvergiftung, Virchows Arch. Bd. 47, S. 24.

*Wagner:* Die Verbreitung der Cholera im preussischen Staate; ein Beweis ihrer Contagiosität. Berlin 1832.

*Wasserfuhr:* Welche sanitätspolizeiliche Maassregeln an den Grenzen empfehlen sich gegen eine Verbreitung der Cholera aus dem Auslande nach Deutschland? Deutsche Vierteljahrsschr. für öffentl. Gesundheitspflege. Bd. XVII., S. 553.

*Weisser* u. *Georg Frank:* Mikroskopische Untersuchungen des Darminhaltes von an Cholera asiatica verstorbenen Indiern. Zeitschr. für Hygiene. Bd. I, 3. Heft.

*Wernich:* Quarantänen, in Eulenburgs Realencyclopaedie. 11. Bd. 1882, S. 265.

*Wolffhügel:* Zur experimentellen Bearbeitung der Cholerainfectionsfrage. Arch. für exp. Pathologie u. Pharmakologie. Bd. I., S. 414.

*Wolffhügel* u. *Riedel:* Die Vermehrung der Bakterien im Wasser. Arbeiten aus dem Kaiserl. Gesundheitsamte. I. Band 1886, S. 455.

*Wolfsteiner:* Ueber Typhus und Cholera in ihrer Beziehung zu . Grundwasser und Trinkwasser. München 1886.

*v. Ziemssen:* Ueber die Cholera und ihre Behandlung. Leipzig 1887.

Druck von G. Bernstein in Berlin.

Fig. 5.

Fig. 6.

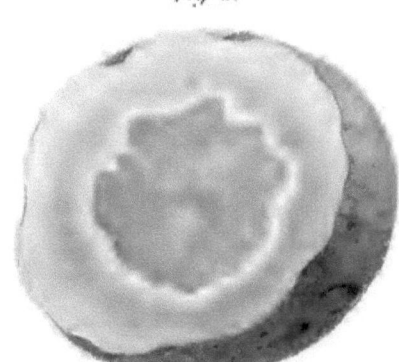

3 Tage alte Kartoffelkultur
von Cholerabacillen.

3 Tage alte Kartoffelkultur
von Finkler-Prior'schen Bacillen.

Fig. 7.

Fig. 8.

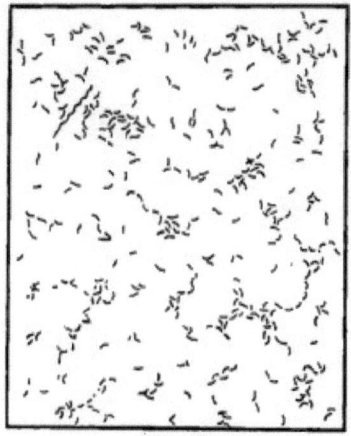

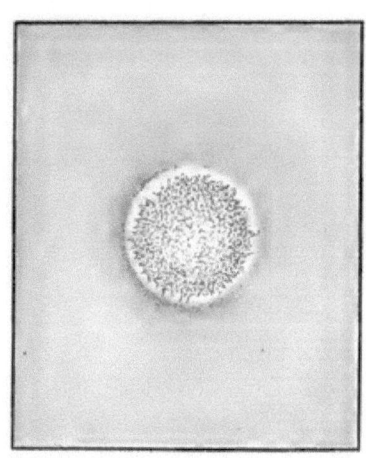

Gefärbtes Deckglaspräparat von
Cholerabacillen aus Bouillonkultur
(Starke Vergrösserung)

3 Tage alte Cholerakolonie
einer Plattenkultur
(Starke Vergrösserung.)

Ruedel, Cholera

Verl. Th. Chr. Fr. Enslin (Richard Schoetz).

Fig 9.

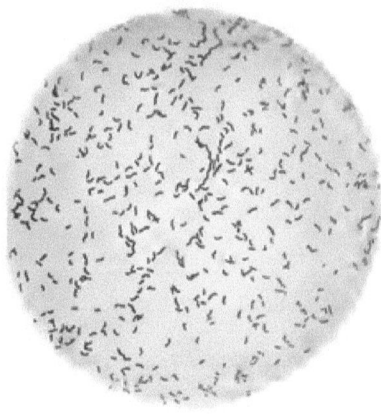

**Cholerabacillen.**
700 fache Vergrösserung.
Original-Photogramm. von Koch.

Fig 10.

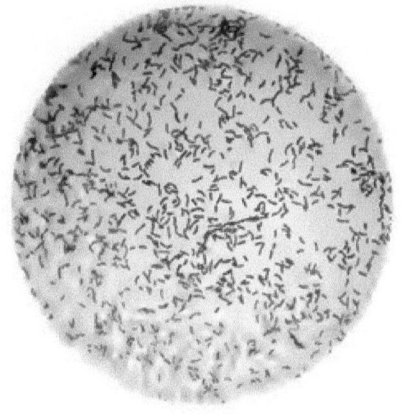

**Finkler-Prior'sche Bacillen.**
700 fache Vergrösserung.
Original-Photogramm von Koch.

Lichtdruck v A. Frisch, Berlin.

Fig 11.

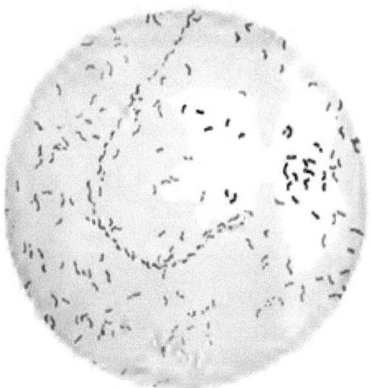

**Cholerabacillen.**
1000 fache Vergrösserung.
Original-Photogramm von Platze.

Fig 12.

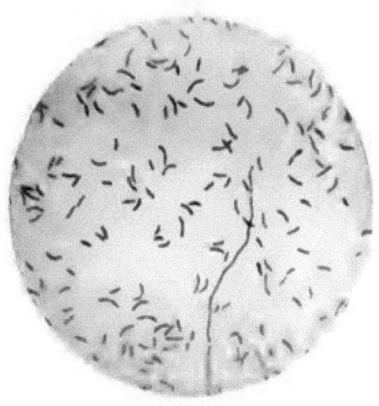

**Finkler-Prior'sche Bacillen.**
1000 fache Vergrösserung.
Original-Photogramm von Koch.

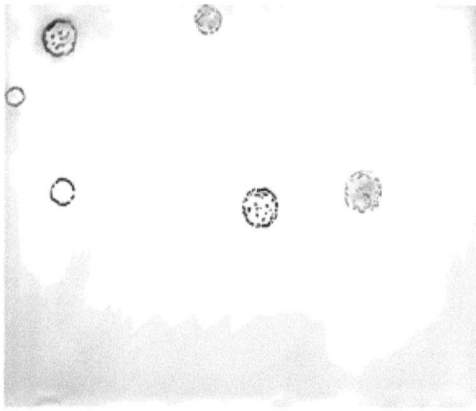

Cholerakolonien, 36 Stunden alt.
100 fache Vergrösserung.
Original-Photogramm von Plagge.

Fig 14.

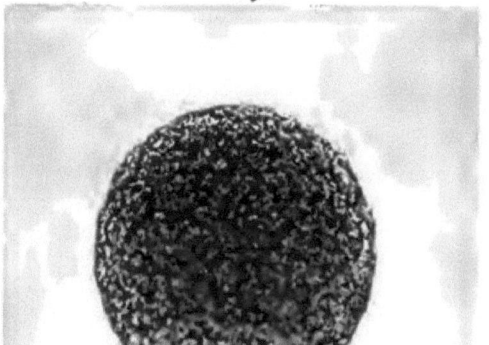

Cholerakolonie 3 Tage alt.
170 fache Vergrösserung.
Original-Photogramm von Koch.

Lichtdruck v A. Frisch, Berlin